W0269618

MedR   Schriftenreihe Medizinrecht

Klaus Kistner

Wahlbehandlung und direktes Liquidationsrecht des Chefarztes

Vertragsgestaltung, Haftung und Regreß

Springer-Verlag Berlin Heidelberg GmbH

Dr. Klaus Kistner
Richter am Landgericht
Jasminweg 4, D-7400 Tübingen

Fortführung der Reihe „RECHT und MEDIZIN"

ISBN 978-3-540-52566-0   ISBN 978-3-662-10829-1 (eBook)
DOI 10.1007/978-3-662-10829-1

Die Widergabe von Gebrauchsnamen, Handelsnamen, Warenbezeichnungen usw. in diesem Werk berechtigt auch ohne besondere Kennzeichnung nicht zu der Annahme, daß solche Namen im Sinne der Warenzeichen- und Markenschutz-Gesetzgebung als frei zu betrachten wären und daher von jedermann benutzt werden dürften.

Produkthaftung: Für Angaben über Dosierungsanweisungen und Applikationsformen kann vom Verlag keine Gewähr übernommen werden. Derartige Angaben müssen vom jeweiligen Anwender im Einzelfall anhand anderer Literaturstellen auf ihre Richtigkeit überprüft werden.

2119/3140(3011)-543210 – Gedruckt auf säurefreiem Papier

Vorwort

Die vorliegende Schrift wurde von der Juristischen Fakultät der Universität Tübingen als Dissertation angenommen. Den Anstoß gab die praktische Beschäftigung mit Schadensersatz- und Regreßangelegenheiten der Universitätskrankenhäuser im zuständigen Fachministerium. Für die Annahme und Förderung der Arbeit schulde ich daher Herrn Professor Dr. Hermann Lange besonderen Dank.

Das Manuskript wurde im Januar 1989 abgeschlossen. Danach veröffentlichte Literatur und Rechtsprechung fand - soweit möglich - Berücksichtigung.

Tübingen im Dezember 1989   Klaus Kistner

Inhaltsverzeichnis

Abkürzungen

Bay. ÄBl.	Bayerisches Ärzteblatt (Jahr, Seite)
BPflV	Bundespflegesatzverordnung vom 21.8.1985 (BGBl. I S. 1666)
BPflV a. F.	Bundespflegesatzverordnung vom 25.4.1973 (BGBl. I S. 693)
DÄBl.	Deutsches Ärzteblatt (Jahr, Heft, Seite)
DKG	Deutsche Krankenhausgesellschaft
DÖD	Der Öffentliche Dienst (Jahr, Seite)
GOÄ	Gebührenordnung für Ärzte vom 12.11.1982 (BGBl. I S. 1522)
GBl.	Gesetzblatt (eines Bundeslandes)
GV.	Gesetzliches Verkündungsblatt (eines Bundeslandes)
HNTV NW	Hochschulnebentätigkeitsverordnung Nordrhein-Westfalen vom 11.12.1981 (GV. S. 726)
HNTVO BW	Hochschulnebentätigkeitsverordnung Baden-Württemberg vom 30.6.1982 (GBl. S. 388)
KHA	Krankenhausarzt (Jahr, Heft, Seite)
KH	Das Krankenhaus, Zeitschrift für das gesamte Krankenhauswesen (Jahr, Seite)
KHG BW	Krankenhausgesetz Baden-Württemberg vom 15.12.1986 (GBl. S. 425)
LNTVO BW	Landesnebentätigkeitsverordnung Baden-Württemberg vom 28.2.1972 (GBl. S. 57)
SÄBl.	Saarländisches Ärzteblatt (Jahr, Seite)
UG BW	Universitätsgesetz Baden-Württemberg vom 4.6.1982 (GBl. S. 177)
ZBR	Zeitschrift für Beamtenrecht (Jahr, Seite)

§ 1 Einleitung

I. Wahlbehandlung, Liquidationsrecht und bisherige Streitfragen

Allgemein bekannt ist, daß es in Krankenhäusern und Kliniken zwei Arten stationärer ärztlicher Versorgung gibt: die eine, die allen Patienten offensteht und keiner besonderen Vereinbarung bedarf (Regelbehandlung), sowie die andere, die kraft besonderer Vereinbarung die ärztliche Betreuung durch den Chefarzt umfaßt (Wahlbehandlung). Während das Honorar im ersten Fall stets dem Krankenhausträger zufließt, ist im zweiten Fall der Chefarzt zumindest am Honorar beteiligt. Die entsprechende Befugnis wird als Liquidationsrecht bezeichnet. Insgesamt handelt es sich um einen historisch gewachsenen Zustand,[1] der durch gesetzliche Regelungen und Urteile der Obergerichte eine gewisse Verfestigung erfahren hat, aber immer noch Anlaß zu Auseinandersetzungen gibt, etwa dazu, ob das Liquidationsrecht notwendig dem Chefarzt zusteht oder es dem Krankenhaus zumindest gestattet ist, die Wahlbehandlung selbst zu übernehmen, sogar unter Ausschluß einer Beteiligung des Chefarztes.[2] Damit korrespondiert die Fragestellung, ob der Patient bei Vereinbarung der Wahlbehandlung notwendig zwei getrennte vertragliche Beziehungen eingeht, die eine mit dem Chefarzt wegen der Heilmaßnahmen und die andere mit dem Krankenhaus wegen der sonstigen Leistungen, oder ob die Wahlbehandlung im Rahmen einer allein zwischen Krankenhaus und Patient bestehenden Vertragsbeziehung abgewickelt werden muß. Die Krankenhausreformgesetze, insbesondere die seit 1974 geltende Bundespflegesatzverordnung, haben hierzu, worauf noch einzugehen sein wird, keine abschließende Klärung gebracht.[3] Daneben stand von jeher

---

[1] Dazu im einzelnen unten S. 27 f.

[2] Streit um die notwendig originäre oder derivative Natur des Liquidationsrechts; dazu im einzelnen unten S. 28 ff.

[3] Dazu unten S. 31 ff.

die das Verhältnis von Chefarzt und Krankenhaus (oder seinen Dienstherrn) betreffende Frage, ob für die Inanspruchnahme von Einrichtungen, Material und Personal des Krankenhauses eine Entschädigung zu leisten ist (Nutzungsentgelt).[4]

II. Der Sonderfall des beamteten Chefarztes

Die das Außenverhältnis berührenden Streitfragen hatten nach bisher weit verbreiteter Auffassung keine Bedeutung für den beamteten Chefarzt, den es - als Professor - in großer Zahl nur noch an Universitätskrankenhäusern gibt; im Bereich der kommunalen Krankenhäuser und der Krankenhäuser freier und gemeinnütziger Träger werden dagegen wegen der größeren Flexibilität Anstellungsverträge bevorzugt.[5] Dem beamteten Chefarzt ist die Behandlung von Wahlleistungspatienten - den maßgeblichen Bestimmungen entsprechend - als private Nebentätigkeit gestattet,[6] während bei den angestellten Chefärzten mittlerweile die Zuordnung zum Hauptamt überwiegt.[7] Die Ausführung der Wahlbehandlung in privater Nebentätigkeit bedeutet, daß der beamtete Chefarzt selbst in vertragliche Beziehungen zum Wahlleistungspatienten tritt (direktes Liquidationsrecht). Für diese besondere Gestaltung war bisher - soweit darauf eigenständig eingegangen worden ist - allgemeine Auffassung, daß die wahlärztlichen Leistungen allein in diesem Verhältnis geschuldet werden.[8] Danach trug der Chefarzt die gesamte Verantwortung für den Wahlarztbereich und durfte daher - abzüglich eines zu entrichtenden Nutzungsentgelts - das Honorar vereinnahmen. Diese

---

[4] Zuletzt BVerwG MedR 1987, 248; im einzelnen dazu unten S. 42 f.

[5] Vgl. Rieger Rn. 505 m. w. N.; Diederichsen S. 128 Fn. 218 bezifferte die Zahl der beamteten Chefärzte in Baden-Württemberg auf weniger als 3 %.

[6] Beispielhaft § 5 Abs. 1 HNTVO BW und § 7 Abs. 1 HNT NW; im einzelnen dazu S. 39 ff.

[7] Diese Praxis geht auf die "Grundsätze für die Gestaltung von Verträgen, Krankenhäusern und leitenden Abteilungsärzten (Chefärzten)" vom 28.3.1957 zurück, veröffentlicht in KH 1957, 137 ff. (Ziffer III 1); im einzelnen unten S. 30.

[8] Luxenburger S. 85 ("allgemein bekannt"), 112 f. und 211 f.; vgl. auch Schmid S. 82; Rieger Rn. 1036; aus pflegesatzrechtlichen Erwägungen heraus teilen diese Auffassung Narr Rn. 856 (bis zur 8. Ergänzungslieferung) und Weissauer Bay. ÄBl. 1974, 363, 368 und SÄBl. 1975, 168, 174; zustimmend Simon-Weidner ArztR 1980, 115, 123; a. A. lediglich Wohlhage S. 41 ff., 102 ff.

Rechtslage ist plastisch mit dem Schlagwort des "liquidiere und hafte" umschrieben worden.[9]

III. Die neue Fragestellung nach Haftung und Regreß

Zwei Entscheidungen des BGH aus den Jahren 1982 und 1985, die bemerkenswerterweise denselben Sachverhalt betreffen, greifen in dieses Gefüge nachhaltig ein.

In seiner ersten Entscheidung vom 30.11.1982[10] legte sich der BGH dahingehend fest, daß der beamtete Chefarzt bei der Behandlung von Wahlleistungspatienten - entgegen der beamtenrechtlichen Zuordnung zum außerdienstlichen Bereich - aus seiner Stellung als Beamter heraus tätig werde und somit deliktisch nach § 839 BGB hafte.[11]

In seiner zweiten Entscheidung vom 18.6.1985[12] kam der BGH in Auslegung der typischen Umstände bei der Krankenhaus-Aufnahme eines Wahlleistungspatienten zu dem Ergebnis, daß neben dem (beamteten) Chefarzt auch das Krankenhaus die Wahlbehandlung schulde.[13] Folglich haben Chefarzt und Krankenhaus vertraglich als Gesamtschuldner einzustehen;[14] deliktisch aber - und damit für ein zu entrichtendes Schmerzensgeld - haftet das Krankenhaus allein, da für den beamteten Chefarzt gemäß § 839 Abs. 1 S. 2 BGB das Verweisungsprivileg gilt, obwohl das Behandlungshonorar nach wie vor allein dem Chefarzt zusteht. Es stellt sich somit allgemein, aber insbesondere für den beamteten Chefarzt, die Frage, ob die Einheit von Haftung und Liquidationsrecht noch fortbesteht.

Diese die Grundlagen der Wahlbehandlung berührenden Folgen, wie sie sich

---

[9] Vgl. OLG Köln VersR 1985, 844, 845; Deutsch, Arzthaftung S. 11; ders. Arztrecht S. 20 f.; auch Laufs Rn. 415.

[10] Az. IV ZR 77/81 = BGHZ 85, 393 = NJW 1983, 1374 = VersR 1983, 244 = LM Nr. 44 zu § 839 (A) BGB; künftig zitiert nach der amtlichen Sammlung.

[11] BGHZ 85, 393, 398.

[12] Az. IV ZR 234/83 = BGHZ 95, 63 = NJW 1985, 2189 = VersR 1985, 1043 = MedR 1986, 137 = ArztR 1985, 298; künftig zitiert nach der amtlichen Sammlung.

[13] BGHZ 95, 63, 68 ff.

[14] Dazu unten S. 22 und 63.

namentlich aus dem Zusammenwirken beider Entscheidungen des BGH ergeben, sind bisher nicht eigens gewürdigt worden. Die Resonanz ist eher bescheiden geblieben.[15]

Dieser Umstand verwundert angesichts der Bedeutung, die der Wahlbehandlung allgemein und insbesondere an den Universitätskrankenhäusern zukommt. Diese dienen der Akut- und Maximalversorgung breiter Bevölkerungskreise,[16] wobei der Anteil der privatversicherten Patienten bei 1/6 der Gesamtbevölkerung liegt.[17] Haftungsfälle konzentrieren sich dort nicht nur wegen der Größe der jeweiligen Einrichtung, sondern auch deshalb, weil die Zahl der riskanten und komplikationsträchtigen Eingriffe in solchen Krankenhäusern über dem Durchschnitt liegt. Ohnehin stammen nach Schätzungen über 50 % aller Arzthaftungsfälle aus dem klinischen Bereich,[18] wobei Wahlleistungspatienten eher überdurchschnittlich repräsentiert sein dürften,[19] da mit dem Einsatz des Chefarztes eher höhere Erfolgserwartungen verbunden sind, die im Fall der Enttäuschung rasch die Frage nach ärztlichem Versagen aufkommen lassen.[20] Auch die statistisch und betragsmäßig zunehmende Bedeutung des Schmerzensgeldes[21] gibt der angesprochenen Fragestellung einen besonderen Stellenwert.

---

[15] Vgl. die Anmerkung eines namentlich nicht genannten Verfassers in KH 1985, 480 f.; Uhlenbruck MedR 1986, 141 f.; ferner Lübke »arzt im krankenhaus« 1986, 112 f.; den besonderen Charakter der Entscheidung betonen lediglich Lübke a.a.O. S. 113 (der BGH betrete "rechtlich Neuland") und der Verfasser in KH a.a.O., der bemerkenswert findet, daß die Entscheidung am Beispiel des beamteten Chefarztes gefallen sei.

[16] Lippert NJW 1984, 2606, 2607.

[17] Ende 1985 hatten 9,9 Mio. Bundesbürger eine private Voll- oder Zusatzversicherung, so der Rechenschaftsbericht S. 98; ebenso Gitter S. 8, der darauf hinweist, daß 15 % der Krankenhauspatienten privat versichert sind; vgl. auch die bei Narr Rn. 984 angegebenen Zahlen.

[18] Weyers S. 27 (50 %) und Bappert S. 119 (72 %), beide unter Zugrundelegung des von ihnen ausgewerteten Fallmaterials; nach Laufs NJW 1977, 1081 richten sich 70 % der Klagen gegen Klinikärzte; vgl. auch Giesen, Arzthaftungsrecht S. 49.

[19] Nach dem von Weyers berücksichtigten Material waren 25 % der Kläger privat versichert (S. 41).

[20] So Weyers S. 10, nach dem der Anstoß dafür, daß ein Patient Ansprüche geltend macht, in der Schwere der Folgen und dem Maß an Pausibilität begründet ist, mit der ein Laie eine bestimmte Folge auf eine bestimmte ärztliche Maßnahme zurückführen zu können glaubt.

[21] Vgl. Weyers S. 40 und Laufs Rn. 410; Schmerzensgelder aus dem Arzthaftpflichtrecht liegen derzeit bei Beträgen bis zu 300.000 DM (BGH VersR 1986, 173); im Unfallhaftpflichtrecht sind schon 360.000 DM zuerkannt worden (LG Bielefeld DAR 1982, 161).

Mit ihr geht freilich eine Akzentverschiebung einher. Während bisher die Außenrechtsbeziehungen im Vordergrund der Auseinandersetzungen standen, wird für das Krankenhaus künftig von Bedeutung sein, ob es bei Inanspruchnahme durch den Wahlleistungspatienten den Chefarzt für geleistete Ersatzzahlungen in Rückgriff nehmen kann. Zu Vertrag und Haftung gesellt sich die Regreßproblematik.

IV. Ausblick über den Gang der Untersuchung

Die beschriebene Fragestellung bringt es mit sich, daß unterschiedliche Rechtsmaterien zur Deckung gebracht werden müssen: das krankenhausbezogene zivile Vertrags- und Haftungsrecht, das zum öffentlichen Recht gehörende Vergütungsrecht für Arzt- und Krankenhausleistungen nach der Gebührenordnung für Ärzte (GOÄ) und der Bundespflegesatzverordnung sowie das Beamtenrecht mit den Bereichen Nebentätigkeits- und Regreßrecht, wobei auch zivilrechtliche Ausgleichsordnungen zu berücksichtigen sind.

Erste Zusammenhänge sollen im Abschnitt über die tatsächlichen und rechtlichen Grundlagen der Wahlbehandlung (§ 2) aufgezeigt werden. Der Abschnitt über das Liquidationsrecht (§ 3) führt zum ersten Schwerpunkt der Untersuchung, den Vertragsbeziehungen zwischen Wahlleistungspatient, Krankenhaus und Chefarzt nach der hierzu ergangenen Entscheidung des BGH (§ 4). Hernach wird der Frage nachgegangen, ob auf seiner Grundlage die Einheit von Liquidationsbefugnis und Haftungsrisiko - im Regreß - noch fortbesteht (§ 5). In diesem Zusammenhang ist zu untersuchen, ob an der Rechtsprechung des BGH zur Geltung des Verweisungsprivilegs festzuhalten ist (§ 6) und - nach einer befriedigenden Abgrenzung der wahlärztlichen von den sonstigen stationären Leistungen (§ 7) - Wege aus der Mithaftung des Krankenhauses aufgezeigt werden können (§ 8). Eine Zusammenfassung (§ 9) bildet den Abschluß.

§ 2 Tatsächliche und rechtliche Grundlagen der Wahlbehandlung

I. Begriffliche Vorgaben

Die Begriffe Regel- und Wahlbehandlung sind oben bereits eingeführt worden.[22] Sie richten sich an §§ 2 und 7 BPflV aus, die zwischen allgemeinen und wahlärztlichen Leistungen unterscheiden. § 6 BPflV a. F. folgend ist früher bevorzugt von gesondert berechenbaren ärztlichen Leistungen gesprochen worden.

Der Ort der stationären Heilbehandlung wird aus Vereinfachungsgründen und ungeachtet seiner Größe Krankenhaus, also nicht Klinik oder Klinikum genannt. Der in medizinischer Hinsicht weisungsfreie Leiter des Krankenhauses oder selbständiger Abteilungen des Krankenhauses heißt einheitlich Chefarzt, obwohl funktional oder als Dienstbezeichnung die Begriffe leitender Abteilungsarzt oder Ärztlicher Direktor Verwendung finden.[23]

Die Wahlbehandlung wird dem Wahlleistungspatienten gewährt. Damit soll das bisher übliche Gegensatzpaar von Kassen- und Privatpatient oder Selbstzahler[24] abgelöst werden, das im gegenwärtigen Leistungsgefüge eher Mißverständnisse schafft; denn die Wahlbehandlung kann der aufzahlende Kassenpatient ebenso in Anspruch nehmen wie der Privatpatient die Regelbehandlung, der in diesem Fall üblicherweise Selbstzahler genannt wird.[25] So ist ausgeschlossen, daß der Selbstzahler im einen Zusammenhang Wahlleistungen, im anderen Regelleistungen in Anspruch nimmt.[26]

---

[22] Siehe oben S. 1.

[23] Vgl. hierzu Rieger Rn. 504; Diederichsen, S. 6; Wohlhage, S. 1.

[24] So beispielhaft Diederichsen, S. 7; vgl. auch Wohlhage, S. 2 Fn. 2.

[25] Diederichsen, S. 8.

[26] So aber Diederichsen, S. 7, 23, 32, 137 einerseits und S. 8 andererseits.

II. Das Krankenhaus, sachlicher und personeller Aufbau

Die Wahlbehandlung ist an den Typ des Anstaltskrankenhauses mit fest angestellten oder beamteten[27] Chefärzten gebunden, die den jeweiligen Abteilungen vorstehen. Ihre Zahl ist von der Größe des Krankenhauses abhängig. An Universitätskliniken und anderen Krankenhäusern der höchsten
Versorgungsstufe sind die Abteilungen oft zu eigenen Kliniken oder Zentren
zusammengefaßt, die ihrerseits in Unterabteilungen mit Chefärzten an der
Spitze aufgegliedert sind.[28]

Die Ärzteschaft ist nach wie vor hierarchisch aufgebaut.[29] Dem Chefarzt
untergeordnet sind die Oberärzte, die ihrerseits Assistenzärzte unter sich
haben. Oberärzte sind fest angestellt oder Beamte auf Lebenszeit. Sie haben
stets die Facharztqualifikation. Assistenzärzte sind regelmäßig Angestellte
mit befristeten Anstellungsverträgen oder Beamte auf Widerruf.[30] Sie be-
finden sich in der Weiterbildung zum Facharzt oder haben diese bereits abgeschlossen. Im letzten Fall können sie eine Station eigenverantwortlich be-
treuen.

Neben dem Arztpersonal steht das Pflegepersonal (Krankenschwestern,
-Pfleger, -Schüler und -Helfer), das ebenfalls, von der Stationsschwester
angefangen bis hin zur leitenden Pflegekraft hierarchisch gegliedert ist.

Das medizinisch-technische Personal bedient und wartet Apparate und
Hilfsmittel, die üblicherweise unter dem Begriff der Krankenhaustechnik
zusammengefaßt werden.

---

[27] An Landeskliniken ltde. Medizinaldirektoren, an Universitätskrankenhäusern Professoren
der Besoldungsgruppe C 4.

[28] So gliedert sich an der Universität Tübingen das chirurgische Fach in 6 Abteilungen auf; insgesamt gibt es 14 Einzelkliniken, Institute oder Zentren mit insgesamt über 50 Abteilungen.

[29] Das Teamarzt-Konzept hat sich nicht durchgesetzt; vgl. Nr. 3.6 der Empfehlungen der DKG
in KH 1983, 3.

[30] An Universitätskrankenhäusern wiss. Assistenten oder Oberassistenten.

III. Die im Krankenhaus angebotenen Leistungen

1. Die Heilbehandlung im Überblick

Der Patient begibt sich in das Krankenhaus, damit dort Maßnahmen zur Erkennung (Diagnose), Behandlung oder Linderung (Therapie) einer Erkrankung, eines Leidens oder eines Körperschadens ergriffen werden oder ihm Geburtshilfe geleistet wird.[31]

In erster Linie sind damit ärztliche Leistungen gefragt: Nichtärzten ist die Ausübung der Heilkunde nicht erlaubt.[32] Die Übergänge sind jedoch fließend. So gehören zur Linderung eines Leidens auch Verrichtungen, die gewöhnlich von Pflegekräften erbracht werden, wie Betten und Lagerung eines Patienten, sowie pflegerische Maßnahmen, um den Folgen der Bettlägerigkeit vorzubeugen.[33] Auch entspricht es einer seit Jahren geübten Praxis in Krankenhäusern, daß Injektionen, Infusionen und Blutentnahmen auf ärztliche Anordnung von Pflegekräften vorgenommen werden.[34] Diese Aufgabenverteilung wird unter dem Stichwort der zulässigen Delegation ärztlicher Aufgaben an Nichtärzte diskutiert.[35]

Ferner gibt es eigenständige Beiträge des Pflegepersonals, die zur gesundheitlichen Betreuung des Patienten gehören. So ist die Kontrolle des Gesundheitszustandes nicht nur Aufgabe des Arztes, sondern auch des Pflegepersonals,[36] das dann gegebenenfalls den Arzt herbeirufen muß. Ebenso

---

[31] Vgl. §§ 184, 199 RVO; Narr Rn. 855; ebenso § 115 Abs. 1 Nr. 3 des Entwurfs eines Gesundheitsreformgesetzes vom 27.4.1988, KH 1988, 231.

[32] Mit Ausnahme der Heilpraktiker und von Hebammen und Entbindungspflegern im Rahmen der Geburtshilfe.

[33] Vgl. Heinze/Jung MedR 1985, 62, 65 und als Beispielfall aus der Praxis BGH NJW 1986, 2365 (Vorbeugemaßnahmen gegen ein Durchliegegeschwür); gegen eine Zuordnung zum Bereich der Heilkunde Narr Rn. 860.

[34] Baur/Hess S. 56; nach Rieger Rn. 1068 sieht der Entwurf einer Ausbildungs- und Prüfungsordnung für Berufe in der Krankenpflege vor, daß die Durchführung von Injektionen auf ärztliche Anordnung Gegenstand der Ausbildung ist.

[35] Vgl. Heinze/Jung MedR 1985, 62, 66 ff; Narr, MedR 1989, 215, 216 f.

[36] Vgl. § 4 Abs. 2 Nr. 4 des Krankenpflegegesetzes vom 4.6.1987 (BGBl. I S. 893), wonach die Ausbildung auch auf "die Beobachtung des körperlichen und seelischen Zustandes des Patienten ... sowie die Weitergabe dieser Beobachtungen an die an der Diagnostik, Therapie und Pflege Beteiligten" gerichtet sein soll.

umfaßt die Krankenpflege Hilfeleistung bei ärztlichen Maßnahmen[37] (pflegerische Assistenz). Auch die Beköstigung des Patienten kann zu seiner Behandlung gehören, etwa dann, wenn er eine besondere Diät benötigt.

Bezieht man die Krankenhaustechnik mit ein, kann das Krankenhaus als zentrale Einrichtung beschrieben werden, deren Aufgabe darin besteht, "ärztlichen und pflegerischen Dienst sowie hochtechnisierte Methoden der Diagnostik und Therapie zum Wohle des Patienten zu koordinieren".[38] Die folgende Einteilung der Leistungen soll das Mit- und Nebeneinander ärztlicher, pflegerischer und sonstiger Dienste übersichtlich darstellen.

2. Ärztliche Leistungen

a) Spezifische Behandlungsmaßnahmen und (unspezifische) Nebenleistungen

Jeder stationäre Aufenthalt geschieht aus einem bestimmten Anlaß heraus. Es kann sich um einen diagnostischen Eingriff handeln, etwa eine endoskopische Untersuchung, oder um einen operativen Eingriff oder schlicht darum, bei einem akuten Leiden die maßgeblichen diagnostischen und therapeutischen Entscheidungen zu treffen und den Krankheitsverlauf zu beobachten. Diese, auf die Grunderkrankung, das Grundleiden oder den grundlegenden Körperschaden unmittelbar bezogenen, gestaltenden ärztlichen Tätigkeiten sollen spezifische Behandlungsmaßnahmen[39] genannt werden.

Davon zu unterscheiden sind Maßnahmen von untergeordneter Bedeutung, die meist routinemäßigen Charakter haben, wie etwa die Vorbereitung eines zu operierenden Patienten, die tägliche Versorgung einer heilenden Wunde, Entnahme von Blut, die Anlage einer Infusion oder die Verabreichung einer

---

[37] Vgl. § 4 Abs. 1 Nr. 1 des Krankenpflegegesetzes (a.a.O.) mit dem Ausbildungsziel "gewissenhafter Vorbereitung, Assistenz und Nachbereitung bei Maßnahmen der Diagnostik und Therapie" und die schon zuvor außer Kraft gesetzte Verordnung über die berufsmäßige Ausübung der Krankenpflege vom 28.9.1938 (RGBl. S. 1314), die Hilfeleistung bei Operation, Narkose und sonstigen ärztlichen Verrichtungen erwähnt; ebenso Schulz S. 284 f.

[38] So die Strukturkommission der DKG im Jahre 1973 bei Ulsamer S. 11.

[39] In Anlehnung an den Sprachgebrauch bei Weissauer/Hirsch S. 21 und Weyers S. 30; Narr Rn. 895 spricht von typischer ärztlicher Tätigkeit.

Injektion. Sie sollen Nebenleistungen genannt werden.[40] Davon ist zu unterscheiden die ärztliche oder pflegerische Assistenz, insbesondere bei komplizierten Eingriffen.[41]

b) Ärztliche Betreuung innerhalb und außerhalb der Dienstzeiten ("rund um die Uhr")

Spezifische Behandlungsmaßnahmen und Nebenleistungen werden, soweit sie der Planung zugänglich sind, während der regulären (Tages-) Dienstzeit erbracht. Aber schon bei Nebenleistungen kann es sein, daß sie in bestimmten gleichbleibenden Abständen ausgeführt werden müssen. Neben der damit angesprochenen ständigen Betreuung ist auch die ständige ärztliche Kontrolle des Patienten zu gewährleisten. Darin liegt oft der Hauptgrund für die stationäre Einweisung eines Patienten.[42] Hierfür zuständig sind während der regulären Dienstzeiten die Stationsdienste, außerhalb dieser Zeiten die (Ruf-) Bereitschaftsdienste, die von nachgeordneten Assistenz- und Oberärzten erbracht werden.[43]

Diese Art der ständigen ärztliche Betreuung und Kontrolle soll Grundversorgung genannt werden.[44] Der im Rahmen der Belegarzt- oder Wahlbehandlung eingeführte Begriff des "nachgeordneten ärztlichen Dienstes"[45] wird dagegen möglichst vermieden, da auch Nebenleistungen und die Assistenz von nachgeordneten Ärzten erbracht werden.[46]

---

[40] Narr Rn. 895 verwendet den Begriff der Nebenmaßnahmen und gibt als Beispiele die Medikamentenanordnung und die Spritzenkontrolle.

[41] BGH NJW 1962, 1763, 1764 und Heinze/Jung MedR 1985, 62, 64.

[42] BGH a.a.O.

[43] Chefärzte sind am Bereitschaftsdienst regelmäßig nicht beteiligt; vgl. Rieger Rn. 354; Narr Rn. 1100, Weissauer/ Hirsch S. 21; sie haben jedoch dann, wenn der erste Hintergrunddienst (Oberärzte) überfordert ist, im Rahmen des zweiten Hintergrunddienstes einzugreifen, so Narr, a.a.O.

[44] In Anlehnung an Weissauer/Hirsch S. 21; Narr Rn. 855, 1100 und 1354 sowie Rieger Rn. 354 und 775 sprechen von "Grundleistungen".

[45] Vgl. etwa H. Franzki S. 34.

[46] Daher sieht sich der BGH in NJW 1962, 1763, 1764 veranlaßt, die ärztliche Assistenz von nachgeordneten ärztlichen Dienst durch das Merkmal der Anwesenheit des behandelnden Arztes zu unterscheiden. Zu den Folgen einer unscharfen Verwendung des Begriffs unten Fn. 566.

3. Pflege und Versorgung

Zur Grundpflege[47] gehört der gesamte betreuerische Bedarf, wie er insbesondere bei bettlägerigen Patienten besteht, also Waschen, Betten und Hilfe bei sonstigen Verrichtungen. Unter dem Begriff der Behandlungspflege[48] werden die bereits angesprochenen Tätigkeiten erfaßt, die mittelbar der medizinischen Betreuung zuzuordnen sind, wie Lagerung, Vorbeugung gegen Folgen der Bettlägerigkeit etc.[49], ferner die auch dem Pflegedienst obliegenden Kontrollaufgaben.[50]

Zur Versorgung[51] zählen neben Unterkunft und Beköstigung die Bereitstellung von Sachleistungen (Blutplasma, Infusionen, Sauerstoffgas etc.), von Medikamenten über die meist krankenhauseigene Apotheke[52] sowie die Krankenhaustechnik mit ihren hochspezialisierten Überwachungs-, Behandlungs-und Diagnosegeräten[53] und Einrichtungen[54].

IV. Regel- und Wahlform der ärztlichen Leistungen im Krankenhaus

1. Ärztliche Leistungen im Rahmen der Regelbehandlung

a) Begriff und Anwendungsbereich

Die ärztlichen Leistungen, wie sie den Patienten im Rahmender Regelbehandlung zuteil werden sollen, sind in der Umschreibung des § 2 Abs. 2

---

[47] Vgl. Steffen S. 8.

[48] Dieser Begriff wird verwendet bei Steffen a.a.O. und in BGH NJW 1984, 1400, 1402 = VersR 1984, 356, 358.

[49] Siehe oben S. 8.

[50] Siehe oben S. 8 und als Beispielsfall BGH NJW 1984, 1400, 1402 = VersR 1984, 356, 358 (Kontrolle der festen Verbindung zwischen Infusionsschlauch und Infusionskanüle).

[51] Vgl. hierzu Luxenburger S. 77; Diederichsen S. 8; Uhlenbruck NJW 1964, 431, 432; früher bereits Nipperdey KHA 1949 (4), 4, 5.

[52] Vgl. Rieger Rn. 1029.

[53] Als Beispiele: Überwachungsmonitore, EKG- und Wehenschreiber, Beatmungs- und Narkosegeräte, Nierensteinzertrümmerer und Dialysegeräte, Computer- und Kernspintomographen, Analysesysteme und Ultraschallgeräte.

[54] Intensiv- und Aufwachstationen, OP-Säle, Labors.

BPflV[55] mit enthalten; geschuldet wird danach "die unter Berücksichtigung der Leistungsfähigkeit des Krankenhauses für eine nach Art und Schwere der Erkrankung des Patienten medizinisch zweckmäßige Versorgung." Als Regelform wird diese Behandlung den Patienten zuteil, deren Aufenthalt von den gesetzlichen Krankenkassen bezahlt wird,[56] sowie dem Teil selbstzahlender Patienten, die wahlärztliche Leistungen nicht in Anspruchnehmen wollen.[57]

b) Ausgestaltung der ärztlichen Leistungen

Im Bereich der spezifischen Behandlungsmaßnahmen[58] wird der nach dem jeweiligen Dienstplan zuständige Arzt oder das jeweils eingeteilte Team von Ärzten - etwa bei einer Operation - tätig. Die Organisation der Dienste obliegt dem Chefarzt in letzter Verantwortung. Dabei muß dem Grundsatz nach - auch in Not- und Eilfällen[59] - der Standard eines Facharztes gewährleistet sein.[60] Dies wird in der Regel den Einsatz eines Oberarztes erfordern, in einfacheren Fällen darf auch ein Assistenzarzt mit Facharztqualifikation oder in Weiterbildung tätig werden.[61]

Der Patient hat im Rahmen der allgemeinen Krankenhausbehandlung keinen Anspruch darauf, vom Chefarzt behandelt zu werden.[62] Dieser wird in der Regel nicht selbst am Patienten tätig, sondern lediglich anleitend und koordinierend im Hintergrund.[63] Bei besonders schwierigen Fragestellungen oder riskanten Eingriffen kann freilich auch er persönlich gefordert sein.[64]

---

[55] Entspricht § 3 Abs. 1 BPflV a. F.

[56] Vgl. insoweit §§ 11 ff., Sozialgesetzbuch, Fünftes Buch, vom 29.12 1988 (GBl. I 2477).

[57] Zum Begriff des Selbstzahlers in diesem Zusammenhang bereits oben S. 6.

[58] Siehe oben S. 9.

[59] BGH NJW 1986, 790, 791.

[60] Grundlegend BGH NJW 1984, 655, 656 (sog. "Anfängeroperation").

[61] Vgl. Narr Rn. 1016; nach BGH a.a.O. ist der jeweilige Ausbildungsstand maßgeblich.

[62] Laufs Rn. 55; Rieger Rn. 1330; Narr Rn. 855; H. Franzki S. 33; Giesen S. 6; Luxenburger S. 213.

[63] Etwa über Abteilungs- und Stationskonferenzen; vgl. auch Luxenburger S. 220.

[64] Laufs, Rieger, Narr und Giesen a.a.O. (Fn. 62); ferner Luxenburger S. 60 und 213; Wohlhage S. 187; Lüke/Walendy JZ 1977, 657, 658; ebenso die Begründung des Regierungsentwurfs zu § 2 BPflV bei Gehrt/Jüngerkes S. 76.

Den Bereich der ärztlichen Grundversorgung[65] decken Assistenzärzte auf Station und im Bereitschaftsdienst ab; die Rufbereitschaft obliegt regelmäßig Oberärzten[66] oder entsprechend qualifizierten Assistenzärzten. Dabei werden auch Nebenleistungen[67] erbracht, teilweise durch Pflegekräfte auf ärztliche Anordnung hin.[68]

c) Leistungsträgerschaft und Vergütung

Leistungsträger ist notwendig das Krankenhaus. Vergütet werden die ärztlichen Leistungen gem. §§ 2, 5 BPflV mit dem allgemeinen oder besonderen Pflegesätzen, die für die Behandlung in kostenintensiven Abteilungen festgesetzt werden können;[69] hinzu kommt die Möglichkeit, für einzelne herausgehobene Leistungen gem. § 6 BPflV Sonderentgelte zu verlangen.[70] Der allgemeine oder die besonderen Pflegesätze decken sämtliche Krankenhausleistungen ab, also auch die mit Pflege und Versorgung verbundenen Kosten.

2. Ärztliche Leistungen im Rahmen der Wahlbehandlung

a) Gegenstand der wahlärztlichen Leistungen

In § 2 Abs. 1 BPflV sind die Wahlleistungen den allgemeinen Krankenhausleistungen gegenübergestellt. Die Wahlleistungen haben darüberhinaus in § 7 BPflV[71] eine eigene Regelung erfahren, wozu nach Abs. 3[72] die wahlärztlichen Leistungen gehören. Der Gesetzgeber hat schon bei Erlaß der Bundespflegesatzverordnung eine inhaltliche Festlegung vermieden und sich auf die

---

[65] Siehe oben S. 10.

[66] Zur Beteiligung der Chefärzte siehe oben Fn. 43.

[67] Siehe oben S. 10.

[68] Siehe oben S. 8.

[69] Etwa bei Geburtshilfe, Dialyse oder Behandlung psychisch Kranker.

[70] Etwa in der Herz- und Transplantationschirurgie.

[71] § 6 BPflV a. F.

[72] § 6 S. 4 BPflV a. F.

Anordnung beschränkt, daß die Vereinbarung über wahlärztliche Leistungen sich auf alle an der Behandlung beteiligten Ärzte erstreckt, "soweit diese zur gesonderten Berechnung *ihrer Leistungen* berechtigt sind".[73] So verwundert es nicht, daß der offenbar in einer bestimmten Weise vorausgesetzte Wesenskern der wahlärztlichen Leistungen[74] Gegenstand zahlreicher Hypothesen war.

Teilweise wurde eine Leistung angenommen, die über die medizinisch zweckmäßige und ausreichende Versorgung, wie sie bereits im Rahmen der Regelbehandlung geschuldet wird, hinausgeht (*Zusatzleistung*), sei es als Luxusmaßnahme,[75] als medizinisch bessere[76] oder vom höchstpersönlichen Einsatz des Chefarztes geprägte Maßnahme.[77] Diese Auffassungen haben sich zurecht nicht durchgesetzt.[78] Zutreffend ist die gegenteilige Auffassung, wonach die Wahlbehandlung die allgemeine krankenhausärztliche Behandlung ersetzt (*"Aliud"-Leistung*), nicht aber durch eine medizinisch bessere,[79] sondern durch eine *persönlich dem Chefarzt obliegende Behandlung*.[80] Davon ist auch der Gesetzgeber bei seiner Novellierung der Bundespflegesatzverordnung ausgegangen, indem in der Begründung des Regierungsentwurfs zu § 7 Abs. 3 BPflV ausgeführt wird: "Insoweit liegt der Unterschied zur ärztlichen Behandlung im Rahmen der allgemeinen Krankenhausleistungen nicht in der Art der ärztlichen Leistungen, sondern in der Person des behandelnden Arztes."[81] Einzuräumen ist jedoch, daß mit dieser Kennzeichnung mittelbar die mögliche Erwartung des Patienten geschützt

---

[73] So § 7 Abs. 3 Satz 1 BPflV.

[74] Luxenburger S. 181; Ulsamer S. 55; Weissauer Bay. ÄBl. 1974, 363.

[75] Zu den Vertretern dieser Auffassung siehe Diederichsen S. 30 f. m. w. N. sowie unlängst LG Bremen NJW 1986, 785, 787 und in anderem Zusammenhang (geeignete Vermittlung des Inhalts der Wahlbehandlung in Formularverträgen) LG Duisburg NJW 1988, 1523; die Wahlbehandlung würde danach auf kosmetische Eingriffe und medizinisch nutzlose Maßnahmen (zweite Visite, Pulsfühlen) beschränkt; gegen die Entscheidung des LG Bremen ausdrücklich Narr Rn. 996.

[76] Vgl. Luxenburger S. 184 f.

[77] Vgl. Luxenburger S. 186 f. m. w. N.; Eichholz KH 1974, 42 ff.

[78] Ausführlich Narr Rn. 486, 856, 996; Diederichsen S. 30 ff.; Ulsamer S. 56 f.

[79] Von Diederichsen S. 18 ff. zutreffend unter dem Stichwort des medizinischen Doppelstandards abgehandelt.

[80] Narr a.a.O. (Fn. 78); Rieger Rn. 1169; Luxenburger S. 227 ff.; Diederichsen S. 33 ff.; Schmid, S. 83; Ulsamer S. 74 f.; Weissauer/Hirsch S. 18; Baur/Hess KHA 1973, 369, 371.

[81] Wiedergegeben bei Gehrt/Jüngerkes S. 99.

wird, er werde aus der Hand des Chefarztes die bestmögliche Behandlung erhalten.[82] Dagegen braucht der weitergehenden Auffassung nicht gefolgt zu werden, wonach die Pflicht zur persönlichen Behandlung allein im Rahmen einer Leistungsbeziehung zwischen Chefarzt und Patient begründet werden kann (rechtliche "Aliud"-Leistung).[83]

Bei den Wahlleistungspatienten handelt es sich um privat oder in einer Ersatzkasse versicherte Personen; es können aber auch Mitglieder der gesetzlichen Krankenversicherung sein, die sich in diesem Fall die Kassenleistungen selbst vergüten lassen.[84]

b) Die persönliche Behandlungspflicht

Die persönliche Behandlung durch den Chefarzt schließt nicht jede ärztliche Handreichung ein. Die persönliche Behandlungspflicht bezieht sich vielmehr auf die spezifischen ärztlichen Maßnahmen,[85] sodaß im Bereich der Nebenleistungen[86] und der Grundversorgung[87] de facto kein Unterschied zur ärztlichen Behandlung im Rahmen der allgemeinen Krankenhausleistungen besteht. Dies entspricht nicht nur sachlichen Zwängen,[88] sondern ist bereits in § 613 BGB angelegt, wonach der zur Leistung verpflichtete Arzt seine Dienste nur im Zweifel in Person zu leisten hat.[89]

Nebenleistungen, die ein nachgeordneter Arzt auf Anordnung des Chefarztes, also im Wege der Delegation, erbringt, kann dieser gemäß § 4 Abs. 2

---

[82] Diederichsen S. 36 f.; Ulsamer S. 75, 79 f.; Weissauer NJW 1978, 2342, 2343.

[83] Weissauer Bay. ÄBl. 1974, 363 ff.; ders. SÄBl. 1975, 168 ff.; Weissauer/Hirsch S. 18; zustimmend Narr Rn. 856 (Stand vor der 8. Ergänzungslieferung) und Gitter S. 34; ablehnend Luxenburger S. 212 ff., 219; Diederichsen S. 37 Fn. 29; Ulsamer S. 60 ff.

[84] Luxenburger S. 161 Fn. 28 m. w. N.

[85] Narr Rn. 995 und 1016 (S. 621, 623 f.); Rieger Rn. 1169; Luxenburger S. 227 ff.; Weissauer NJW 1978, 2342, 2343, Baur/Hess KHA 1973, 369, 371.

[86] Siehe oben S. 10.

[87] Siehe oben S. 10.

[88] Vgl. etwa Luxenburger S. 69; Wohlhage S. 45 f.

[89] Luxenburger S. 228, Rieger Rn. 1169; Weissauer unter Hinweis auf Üblichkeit und Verkehrssitte.

GOÄ liquidieren.[90] § 5 Abs. 3 der HNTVO BW faßt diese Rechtslage bündig so zusammen: "Die Forderung eines Honorars für privatärztliche Tätigkeit setzt voraus, daß der Arzt die wesentlichen Maßnahmen zur Diagnose und zur Behandlung des Patienten individuell anordnet, deren Auswirkungen beobachtet und dafür die persönliche Verantwortung trägt". Diese Rechtslage findet ihre Entsprechung in der kraft Vereinbarung[91] oder nebentätigkeitsrechtlicher Regelung[92] geltenden Pflicht nachgeordneten Arzt- und Pflegepersonals, den Chefarzt im wahlärztlichen Behandlungsbereich zu unterstützen.

Schon hier ist freilich auf eine Besonderheit hinzuweisen, welche den Bereich der Grundversorgung betrifft: Erfordert eine plötzliche Veränderung des gesundheitlichen Befindens des Wahlleistungspatienten eine grundlegende Entscheidung, hat der Stations- oder Bereitschaftsdienst verrichtende Arzt nicht den diensttuenden oder in Rufbereitschaft stehenden Oberarzt zu verständigen, sondern sogleich den Chefarzt;[93] denn grundlegende Entscheidungen gehören zu den persönlich ihm obliegenden spezifischen Behandlungsmaßnahmen.

Ist der Chefarzt verhindert, etwa wegen Urlaubs, Krankheit, Teilnahme an Fortbildungsveranstaltungen oder - an Universitätskrankenhäusern - Erteilung von Unterricht, hat sein persönlicher Vertreter tätig zu werden. Dieser Fall der *Stellvertretung* ist zu unterscheiden von der Delegation im Nebenleistungsbereich,[94] die keine Verhinderung voraussetzt.[95] Ob für die Lei-

---

[90] Vor dem 1.7.1988 noch in § 1 Abs. 2 GOÄ geregelt, dazu Narr Rn. 995 und 1016 (S. 622.3 ff.); Baur/Hess KHA 1973, 369, 371; zum gegenwärtigen Rechtszustand Narr, MedR 1989, 215, 216 f.

[91] Im Tarifrecht geregelt in Nr. 3 Abs. 1 der Sonderregelungen (SR) 2c des Bundesangestelltentarifs; vgl. Narr Rn. 1093 und Luxenburger S. 69 f.

[92] So etwa die Nr. 8 der Verwaltungsvorschriften zur HNTVO BW vom 9.9.1982, wonach die Mitarbeit nachgeordneten nichtärztlichen Personals Dienstaufgabe, die Mitarbeit nachgeordneter Ärzte dagegen Nebentätigkeit ist, zu der sie freilich verpflichtet werden, ebenso Luxenburger S. 72 f.

[93] Ähnlich Wohlhage S. 117 für den vergleichbaren Fall bei Belegarztbehandlung.

[94] Oben Fn. 90.

[95] Weissauer NJW 1978, 2342, 2343.

stungen des Stellvertreters gesondert liquidiert werden kann, hängt im wesentlichen vom Inhalt der Vereinbarung mit dem Patienten ab.[96]

c) Leistungsträgerschaft

In der Zeit vor Erlaß der Bundespflegesatzverordnung war die Frage, wer die gesondert berechenbaren Leistungen dem Patienten gegenüber vertraglich schuldet, nur im Rahmen des chefärztlichen Liquidationsrechts umstritten: Steht dem Chefarzt das Behandlungshonorar kraft notwendig eigener vertraglicher Beziehungen zum Patienten zu[97] oder wird es ihm über das Krankenhaus zugewendet?[98] Mit dem Erlaß der Bundespflegesatzverordnung sind dann Bestrebungen von Krankenhäusern bekannt geworden, das Liquidationsrecht eigennützig auszuüben und dem Chefarzt allenfalls einen Anteil zukommen zu lassen.[99]

Es wird noch zu zeigen sein, daß es keinen gesetzlichen oder sonstigen Vorrang zugunsten der einen oder anderen Gestaltung gibt.[100] Wer im Verhältnis zum Patienten die Wahlbehandlung schuldet, ob allein der Chefarzt, allein das Krankenhaus oder beide gemeinsam, und wem das Behandlungshonorar dann letztlich zukommt, richtet sich nach der jeweils im Verhältnis zum Patienten und den zwischen Krankenhaus und Chefarzt getroffenen Regelungen.[101]

d) Vergütung

Wahlärztliche Leistungen sind schon immer dann nach der GOÄ abgerechnet worden, wenn das Honorar dem Chefarzt zugeflossen ist. Bis zum Erlaß der

---

[96] Ausführlich jeweils m. w. N. Narr Rn. 1016 (S. 622.3 ff.); ders. MedR 1989, 215, 219; Rieger Rn. 1169; Luxenburger S. 232 ff.; Weissauer a.a.O.; die neuere Rechtsprechung verhält sich eher restriktiv: OLG Hamm VersR 1986, 897; AG Hamburg NJW 1987, 716; OLG Karlsruhe NJW 1987, 1489 = VersR 1988, 137; LG Fulda NJW 1988, 1519 (unter besonderer Berücksichtigung des AGBG); gegen eine Abbedingung in AVB Kubis NJW 1989, 1512, 1513 ff.

[97] Originäres oder direktes Liquidationsrecht.

[98] Derivatives oder mittelbares Liquidationsrecht; zu beiden unten S. 28 ff., 32 ff.

[99] Eigenliquidation; vgl. Luxenburger S. 9 und 253 ff.; Ulsamer S. 6 und 118 ff.

[100] Siehe unten S. 28 ff.

[101] Siehe unten S. 44 f.

gegenwärtig geltenden Fassung der Bundespflegesatzverordnung[102] war hingegen umstritten, ob das auch für das Krankenhaus im Fall der Eigenliquidation zu gelten hatte. Eine verbreitete Meinung lehnte die Anwendbarkeit der GOÄ ab, da sie nur auf den freiberuflich tätigen Arzt zugeschnitten sei.[103] Dementsprechend haben Krankenhäuser eigene Leistungsentgelte gemäß § 8 BPflV a. F.[104] in Ansatz gebracht. Dagegen standen beachtliche Stimmen, die zumindest eine Ausrichtung an den Sätzen der GOÄ für möglich und zulässig erachteten.[105] Der Streit ist durch die Neufassung der Bundespflegesatzverordnung hinfällig geworden; denn § 7 Abs. 3 S. 2 BPflV sieht nunmehr für die Berechnung wahlärztlicher Leistungen die entsprechende Anwendung der GOÄ vor, "soweit sich die Anwendung nicht bereits aus der GOÄ ergibt". Damit können nur die Fälle der Eigenliquidation durch das Krankenhaus gemeint sein.[106]

Neben dem Behandlungshonorar hat der Wahlleistungspatient die sonstigen stationären Leistungen des Krankenhauses zu vergüten, insbesondere Pflege und Versorgung.[107] Ob er hierfür den vollen Pflegesatz schuldet oder in Anlehnung an die für die Belegarztbehandlung geltende Regelung - Abzug der gesamten Arztpersonalkosten im sogenannten *kleinen Pflegesatz*[108] - einen herabgesetzten Betrag, war nach der alten Fassung der Bundespflegesatzverordnung umstritten. Nach § 3 Abs. 2 S. 2 BPflV a. F. waren die Landesregierungen ermächtigt, durch Rechtsverordnung zu bestimmen, daß gesondert berechnete Arztkosten bei der Bemessung des Anteils der ärztlichen Leistungen im allgemeinen Pflegesatz - den Vorgaben bei der Belegarztbehandlung entsprechend - berücksichtigt werden.[109] Dies war teilweise als

---

[102] 21.1.1985.

[103] Gitter S. 41 ff., 44; ders. NJW 1980, 2745, 2746 f.; Ulsamer S. 121 ff.; Narr Rn. 992.

[104] Fälle AG Hannover VersR 1976, 483; LG Hannover NJW 1978, 1695; ebenso Ulsamer S. 127 (Zuschlag zum allgemeinen Pflegesatz) und die Empfehlung der Bundesärztekammer zu § 6 BPflV a. F. in KHA 1974, 38; zu den seltenen Fällen der Eigenliquidation vor Inkrafttreten der Bundespflegesatzverordnung Luxenburger S. 107, Wohlhage S. 64 Fn. 1.

[105] Diederichsen S. 64 f.; Rieger Rn. 680; Luxenburger S. 107 f.; Eichholz KH 1974, 42, 44; LG Braunschweig VersR 1978, 127 f.; teilweise umstritten war dabei, ob das Krankenhaus - wie der Privatarzt - die Vermögensverhältnisse des Patienten berücksichtigen darf; dazu Ulsamer S. 114.

[106] Gehrt/Jüngerkes S. 100; Narr Rn. 992.

[107] Siehe oben S. 11.

[108] Luxenburger S. 191; Rieger Rn. 1354; Weissauer/Hirsch S. 21.

[109] Zum Anlaß dieser Regelung, nämlich Uneinigkeit der Bundesländer, Ulsamer S. 101.

Ermächtigung dazu angesehen worden, von einer Berücksichtigung auch gänzlich abzusehen.[110] Dementsprechend ist in den Bundesländern Hessen, Berlin, Bremen und Hamburg eine Verordnung nicht ergangen.[111] In der Mehrzahl der Länder wurde jedoch eine zwischen kleinem und vollem Pflegesatz liegende Vergütung verordnet (*mittlerer Pflegesatz*), die sich vom kleinen Pflegesatz dadurch unterscheidet, daß nicht die gesamten Arztpersonalkosten, sondern nur der auf die konkreten Behandlungsmaßnahmen entfallende Teil – unter Ausschluß der die Grundversorgung[112] betreffenden Kosten – abzusetzen sind.[113] Soweit pauschale Abzüge vom Pflegesatz verordnet wurden, lagen diese zwischen 5% und 15%[114]. Der Streit um die Erforderlichkeit eines Pflegesatzabschlags ist dadurch hinfällig geworden, daß gemäß § 8 Abs. 1 BPflV sowohl für Beleg- als auch für Wahlleistungspatienten ein gleicher[115] Pflegesatzabschlag von 5% zu machen ist.[116] Nach der Begründung des Regierungsentwurfs entspricht dieser Abzug etwa einem Drittel der Arztpersonalkosten.[117] Damit wird im Ergebnis der mittlere Pflegesatz für stationäre Leistungen festgeschrieben.

Zu dieser Minderung des Pflegesatzes tritt eine verbindliche Ermäßigung des Arzthonorars um 15% gemäß § 6 a Abs. 1 GOÄ. Auf diese Weise soll eine Doppelbelastung des Wahlleistungspatienten verhindert werden;[118] denn gemäß § 4 Abs. 3 GOÄ sind auch Raumvorhaltungs-, Sach- und Personalkosten im Honorar enthalten, sodaß ohne diesen Abzug der entsprechende Ko-

---

[110] Vgl. Diederichsen S. 137; zum damaligen Streitstand auch ders. S. 2 f. und BGH NJW 1979, 597, 598.

[111] Vgl. Rieger Rn. 1354.

[112] Siehe oben S. 10 f.

[113] Zum ganzen Luxenburger S. 194 f.; Rieger Rn. 1354; Weissauer/Hirsch S. 21.

[114] Lüke/Walendy JZ 1977, 657, 659.

[115] Auf das Gleichheitsgebot im Verhältnis zwischen Beleg- und Wahlbehandlung weist Diederichsen S. 139 hin.

[116] Bereits für den vormaligen Rechtszustand überwogen die sich für einen zwingenden Pflegesatzabschlag aussprechenden Stimmen und Urteile; vgl. die Übersicht bei Luxenburger S. 193 Fn. 47; zuletzt BVerwG NJW 1986, 2387, 2388.

[117] Wiedergegeben bei Gehrt/Jüngerkes S. 104.

[118] Allgemein Herzog/Schlauß Arztrecht 1985, 121 ff.

stenteil sowohl über die Gebühr als auch über den Pflegesatz erfaßt würde.[119]

e) Kostenerstattung im Verhältnis zwischen liquidationsberechtigtem Chefarzt
*   und Krankenhaus*

Steht dem Chefarzt das Wahlarzthonorar im Rahmen des ihm eingeräumten
Liquidationsrechts zu, stellt sich im Verhältnis zum Krankenhaus ein Ausgleichsproblem; denn die im wahlärztlichen Bereich eingesetzten sächlichen
und personellen Mittel werden nach wie vor vom Krankenhaus aufgebracht,
können aber nicht in die pflegesatzfähigen Selbstkosten eingerechnet werden, weil ansonsten die Regelpatienten einen Teil der wahlärztlichen Leistungen mitbezahlen müßten. Dementsprechend sieht § 13 Abs. 3 Nr. 6
BPflV als Kosten der wahlärztlichen Leistungen einen Abzug des 1,2-fachen
der für den Pflegesatzzeitraum geltenden Wahlarztabschläge vor. Da in dieser
Höhe dem Krankenhaus ein wirtschaftlicher Ausfall entsteht, dem liquidationsberechtigten Chefarzt aber ein Vorteil daraus erwächst, ist es angemessen, daß die Gruppe der Chefärzte zum Ausgleich herangezogen wird. Dies
ist bisher in Chefarztverträgen und - beim beamteten Chefarzt - in Neben-
tätigkeitsverordnungen unter dem Stichwort Nutzungsentgelt[120] geregelt
worden.[121] Nunmehr sieht § 11 Abs. 3 BPflV eine Ersattungspflicht in Höhe
des nach § 13 Abs. 3 Nr. 6 BPflV abzusetzenden Kostenteils vor.[122]

V. Der Krankenhausbehandlungsvertrag

1. Ärztliche und sonstige stationäre Leistungen

Bei den im Krankenhaus angebotenen Leistungen muß, wie bereits oben
gezeigt worden ist,[123] zwischen den ärztlichen und den sonstigen stationären

---

[119] Für eine Ermäßigungspflicht haben sich bereits früher ausgesprochen: Ulsamer S. 108 f.;
       Rieger Rn. 339; eine entsprechende Pflicht war in Ziffer 10.2. der Verwaltungsvorschriften
       zur LNTVO BW vom 14.12.1982 vorgesehen.

[120] Siehe unten S. 43.

[121] Zu den Regelungen im einzelnen unten S. 35 f. und S. 43 f.

[122] Zur Bedeutung des ebenfalls eine "Kostenerstattung" regelnden § 18 Abs. 6 BPflV a. F.
       unten S. 103.

[123] Siehe oben S. 8 ff.

Leistungen, insbesondere Pflege und Versorgung unterschieden werden. Für die Regelbehandlung ergeben sich konstruktiv keine Konsequenzen: Für beide Leistungsbereiche kommt nur das Krankenhaus als Vertragspartner des Patienten in Betracht. Anders verhält es sich im Fall der Wahlbehandlung: Während die sonstigen stationären Leistungen auch hier notwendig dem Krankenhaus obliegen, können Partner des Behandlungsvertrags sowohl das Krankenhaus als auch der Chefarzt sein.[124] Daran anknüpfend werden herkömmlicherweise drei typische Krankenhausbehandlungsverträge unterschieden, die im folgenden Abschnitt dargestellt werden.

2. Die herkömmliche Dreiteilung[125]

a) Der gespaltene Arzt-Krankenhaus-Vertrag[126]

Dieser Vertrag ist auf die Wahlbehandlung zugeschnitten, und zwar auf den Fall, daß die im Krankenhaus angebotenen Leistungen auf zwei Leistungsträger "aufgespalten" werden: den Chefarzt, der die wahlärztlichen Leistungen schuldet, und das Krankenhaus, das die sonstigen stationären Leistungen, insbesondere Pflege und Versorgung, zu erbringen hat.[127] Dabei handelt es sich sachlich um zwei Verträge.[128]

b) Der totale Krankenhausvertrag[129]

Bei dieser Gestaltform ist das Krankenhaus für die gesamten- ärztlichen wie nichtärztlichen - Leistungen zuständig, weshalb sie in gegensätzlicher Be-

---

[124] Siehe oben S. 17.

[125] Allgemein hierzu: Narr Rn. 487 ff.; Rieger Rn. 1031 ff.; Diederichsen S. 8 ff.; Luxenburger S. 76 ff.; Laufs Rn. 49 f.; D. Franzki S. 27 f.; H. Franzki S. 33 f.; Geiß S. 23 ff.; Geigel S. 938 f.; Palandt Einf. v. § 611 Anm. 2; Uhlenbruck NJW 1964, 431, 432; ders. NJW 1973, 1399, 1400; Kleinewefers/Wilts NJW 1965, 332; Daniels NJW 1972, 305; Musielak JuS 1977, 87; Bunte JZ 1982, 279, 280.

[126] Den Begriff prägte Nipperdey KHA 1949 (4), 4, 5; vgl. Uhlenbruck NJW 1964, 431, 432 und Wohlhage S. 25 Fn. 4.

[127] Zur Abgrenzung ausführlich unten § 7 S. 92 ff.

[128] Luxenburger S. 82 und R. Eichholz S. 84 jeweils m. w. N.

[129] Ebenfalls prägend Nipperdey a.a.O. (Fn. 126).

griffsbildung "totaler" Krankenhausvertrag genannt wird. Der Begriff findet sowohl bei der Regelbehandlung[130] als auch im Rahmen der Wahlbehandlung Verwendung, nämlich dann, wenn sie vom Krankenhaus erbracht wird.[131]

c) Der totale Krankenhausvertrag mit Arztzusatzvertrag

Bei ihm wird der totale Krankenhausvertrag dadurch ergänzt, daß neben dem Krankenhaus auch der Chefarzt in vertragliche Beziehungen zum Patienten tritt. Ob die Wahlbehandlung nur im Verhältnis zum Chefarzt geschuldet wird, für das Krankenhaus bliebe dann die Regelbehandlung,[132] oder ob Krankenhaus und Chefarzt zur Wahlbehandlung verpflichtet sind, muß vorerst offenbleiben.[133] Dagegen besteht Einigkeit, daß Chefarzt und Krankenhaus hinsichtlich der ärztlichen Leistungen als Gesamtschuldner anzusehen sind.[134]

3. Einwände gegen diese Einteilung

Diese Einteilung kann nur wenig befriedigen. So umfaßt der Begriff des totalen Krankenhausvertrages zwei Gestaltungen, das eine Mal mit Regel-, das andere Mal mit Wahlbehandlung,[135] die, wie bereits gezeigt worden ist,[136] sowohl leistungs- wie gegenleistungsbezogen erheblich voneinander abweichen. Einziges gemeinsames Merkmal ist lediglich die Leistungsträgerschaft, die einheitlich beim Krankenhaus liegt. Daran die Begriffsbildung auszurichten, ist weder zweckmäßig noch ist es logisch zu rechtfertigen; denn ein Alternativpaar bilden nur der gespaltene Arzt-Krankenhaus-

---

[130] Zuletzt BGH NJW 1988, 759, 760.

[131] Typisch etwa D. Franzki S. 27 f.; H. Franzki S. 33 f.; Baur/Hess S. 19 f.; Weyers S. 29; vgl. auch Diederichsen S. 8 und 10, Luxenburger S. 79 Fn. 79.

[132] So offenbar Diederichsen S. 9; ebenso LG Fulda NJW 1988, 1519, 1520.

[133] Unentschieden auch die Mehrzahl der oben in Fn. 125 angeführten Autoren.

[134] Baur/Hess S. 21; Rieger Rn. 777 und 1031; Diederichsen S. 9; H. Franzki S. 35; Geigel S. 939; Uhlenbruck NJW 1964, 431, 434; dabei bleibt indes ebenso offen, ob von einer Konkurrenz der Regel- mit der Wahlbehandlung ausgegangen wird.

[135] Dementsprechend stellt Deutsch, Arztrecht S. 18 dem totalen Krankenhausvertrag den totalen Krankenhausvertrag mit Wahlleistung gegenüber.

[136] Siehe oben S. 11 ff. (Regel-), S. 13 ff. (Wahlbehandlung).

Vertrag und der totale Krankenhausvertrag mit Wahlbehandlung. Wer hingegen die Regelbehandlung in Anspruch nimmt, kann von vornherein nur mit dem Krankenhaus kontrahieren.

Auch beim totalen Krankenhausvertrag mit Arztzusatzvertrag ist es von Vorteil, zwischen beiden Spielarten des totalen Krankenhausvertrages zu unterscheiden; dabei läßt sich zeigen, daß am Anfang der Entwicklung im Begriff des totalen Krankenhausvertrages die Regelbehandlung gemeint war, mittlerweile aber die Wahlbehandlung an ihre Stelle getreten ist.

So bot die Verbindung von Regelbehandlung und zusätzlicher Behandlung durch den Chefarzt vor Inkrafttreten der Bundespflegesatzverordnung für Kassenpatienten die preisgünstigste Möglichkeit, sich persönlich vom Chefarzt behandeln zu lassen[137]: Er ließ sich in die allgemeine (III.) Pflegeklasse aufnehmen, für deren Kosten - einschließlich der ärztlichen Regelbehandlung - die Krankenkasse aufkam, und hatte deshalb als Zusatzleistung nur das Chefarzthonorar zu entrichten; als selbstzahlender Patient hätte er sich nach den damals üblichen Gepflogenheiten nur in die I. oder II. Pflegeklasse aufnehmen lassen können, was mit zusätzlichen Unterbringungskosten[138] oder gar dem Wegfall des Anspruchs auf die Kassenleistung[139] verbunden gewesen wäre. Mit Inkrafttreten der Bundespflegesatzverordnung und des - jedenfalls nach der letzten Novellierung - zwingenden Pflegesatzabschlages im Fall der Wahlbehandlung[140] ist dieser Verbindung von Regel- und Wahlbehandlung die Grundlage entzogen; es käme beim Kassenpatienten, der die Behandlung durch den Chefarzt wählt, entweder ein totaler oder ein gespaltener Arzt-Krankenhaus-Vertrag zustande.[141]

Auch ist nicht erforderlich, die Regelbehandlung deshalb mit der Wahlbehandlung zu kombinieren, um dem Patienten bei Ausfall des Chefarztes je-

---

[137] In diesem Sinne beiläufig Narr Rn. 856 (Stand vor der 8. Ergänzungslieferung); Rieger, Rn. 1038; Gitter S. 30 f; Schmid S. 82.

[138] Diese lagen dort um das 1,5 bis 2-fache höher; vgl. Luxenburger S. 36 Fn. 107 und Wohlhage S. 148 f.

[139] So für den damaligen Rechtszustand Stiefel S. 42; a. A. Molitor S. 52 f.

[140] Siehe oben S. 19.

[141] Aus diesem Grund hielt Narr a.a.O. (Fn. 137) - als Befürworter des gespaltenen Arzt-Krankenhaus-Vertrages - den totalen Krankenhausvertrag mit Arztzusatzvertrag für entbehrlich.

denfalls die Regelbehandlung gewähren zu können;[142] denn in Wahrheit wäre die Regelbehandlung dann subsidiär.[143] Ebensowenig ist ernstlich zu befürchten, daß der Wahlleistungspatient aufgrund seines Status einmal unversorgt bleiben könnte.[144] Bereits aus dogmatischen Gründen überholt ist hingegen die Vorstellung, die Regelbehandlung um einen Zusatzvertrag zu ergänzen, damit der Chefarzt sein Ermessen, im Rahmen der Regelbehandlung selbst tätig zu werden,[145] zugunsten des Patienten ausübt.[146]

Somit bleibt künftig als allein tragfähige Annahme der wahlärztliche Leistungen umfassende totale Krankenhausvertrag, der um einen Zusatzvertrag mit dem Chefarzt ergänzt werden kann. Die Frage nach dem Sinn einer solchen Konstruktion, die zwar eine Verdoppelung – oder Kumulierung – der Schuldnerstellung, aber sicher keine doppelte Zahlungspflicht des Patienten begründet, wird an anderer Stelle aufzugreifen sein.[147]

Die geäußerten Erwägungen legen es nahe, sich an einer neuen Einteilung zu versuchen, in der die Regelbehandlung ausgegliedert und die Wahlbehandlungsverträge eigenständig geordnet werden. Dabei bietet sich die Gelegenheit, das schon häufig als unschön erkannte Adjektiv "total"[148] durch eine andere Wortbildung zu ersetzen.

4. Vorschlag einer Neueinteilung

a) Regelbehandlungsvertrag

Diese Bezeichnung tritt an die Stelle des totalen Krankenhausvertrages, soweit der Patient die Regelbehandlung in Anspruch nimmt, sei es als Kas-

---

[142] Vgl. Luxenburger S. 88.

[143] Vgl. Wohlhage S. 94 Fn. 2.

[144] Luxenburger a.a.O. (Fn. 142); Molitor S. 45 f.

[145] Siehe oben S. 12 f.

[146] Vgl. BGHZ 7, 1, 15.

[147] Für einen Wegfall der Vertragsgestalt des totalen Krankenhausvertrages mit Arztzusatzvertrag Molitor S. 46 ff.; ebenso neuerlich Schmid S. 87; zur Sinnfrage im übrigen unten S. 51.

[148] R. Eichholz S. 14; Burck VersR 1968, 613; Daniels NJW 1972, 305.

senmitglied oder als Selbstzahler, der sich für die allgemeine Krankenhausbehandlung entscheidet.[149]

b) Wahlbehandlungsverträge

Die Alternative zur Regelbehandlung bildet die Wahlbehandlung. Die dazu
möglichen Gestaltungsformen werden Wahlbehandlungsverträge genannt.

Dabei sind zwei Bereiche voneinander zu unterscheiden: der wahlärztliche
Leistungen und der sonstige stationäre Leistungen, insbesondere Pflege und
Versorgung,[150] umfassende Teil. Schuldner der sonstigen stationären Leistungen ist stets das Krankenhaus.[151] Je nachdem, wer daneben die wahlärztlichen Leistungen schuldet, lassen sich die folgenden Wahlbehandlungsverträge unterscheiden:

(1)   Der einheitliche Wahlbehandlungsvertrag (Einheitsmodell):
        Das Krankenhaus ist auch Schuldner der wahlärztlichen Lei-
        stungen. In Anknüpfung an die bisher übliche Terminologie
        wird diese Gestaltform einheitlicher Wahlbehandlungsvertrag
        genannt.[152] Dieser Begriff tritt an die Stelle des (wahlarztbezo-
        genen) totalen Krankenhausvertrages.

(2)   Der gespaltene Wahlbehandlungsvertrag (Trennungsmodell):
        Die wahlärztlichen Leistungen schuldet allein der Chefarzt.
        Daneben erbringt das Krankenhaus die sonstigen stationären
        Leistungen. Unter Übernahme der bisher üblichen Terminolo-
        gie wird diese Gestaltform gespaltener Wahlbehandlungsvertrag
        genannt.

---

[149] Siehe oben S. 12.

[150] Siehe oben S. 11; ob auch Grundversorgung und Nebenleistungen dazu gehören, kann im
vorliegenden Zusammenhang dahingestellt bleiben.

[151] So bereits Nipperdey KHA 1949 (4), 4, 5.

[152] So bereits RG JW 1936, 3482, wo der totale Krankenhausvertrag gemeint ist, aber vom
"einheitlichen Vertrag" gesprochen wird; ebenso Luig S. 253 ("einheitlicher Krankenhausvertrag"); R. Eichholz S. 14 Fn. 74; Geiß S. 23; Putzo S. 24; schon Nipperdey KHA 1949
(4), 4, 5 kennzeichnete diese Vertragsgestaltung als einheitlich, bevor er den Begriff totaler
Krankenhausvertrag prägte.

(3)   Der kumulierte[153] Wahlbehandlungsvertrag (Kumulierungsmodell): Sowohl das Krankenhaus als auch der Chefarzt schulden
       die wahlärztlichen Leistungen. Diese Vertragsgestaltung vereint
       die beiden vorerwähnten Modelle. Sie entspricht dem bisherigen (wahlarztbezogenen) totalen Krankenhausvertrag mit Arztzusatzvertrag.

In den folgenden Teilen der Arbeit werden - soweit möglich[154] - die vorstehend entwickelten Begriffe verwendet werden.

5. Übersichten

a) Bisherige Einteilung:

   (1) Totaler Krankenhausvertrag
        - mit Regelbehandlung
        - mit Wahlbehandlung

   (2) Gespaltener Arzt-Krankenhausvertrag (mit Wahlbehandlung)

   (3) Totaler Krankenhausvertrag mit Arztzusatzvertrag

b) Neueinteilung:

   (1) Regelbehandlungsvertrag

   (2) Wahlbehandlungsverträge
        - einheitlich
        - gespalten
        - kumuliert

---

[153] So auch schon Nipperdey a.a.O. ("kumulativ"); Molitor S. 46 spricht von einem "Doppelvertrag".
[154] Nicht bei Anknüpfung an bisherige Äußerungen in Literatur und Rechtsprechung.

§ 3 Wahlbehandlung und Liquidationsrecht des Chefarztes

I. Herkunft und Funktion des Liquidationsrechts

Die bisherigen Ausführungen betrafen die Außenseite der Wahlbehandlung, nämlich ihre tatsächliche und rechtliche Einbindung in das Krankenhausgefüge. Ein Element kam dabei nur beiläufig vor, obwohl es wirtschaftlich im Vordergrund steht: das Wahlarzthonorar. Nur wenn geklärt ist, wem das Honorar auf welcher Grundlage zusteht, kann untersucht werden, nach welchem Vertrag sich die Abwicklung jeweils richtet. Diese Fragestellung betrifft die Innenseite der Wahlarztbehandlung und hat das Liquidationsrecht zum Gegenstand.

Formal umfaßt das Liquidationsrecht des Chefarztes die Befugnis, unter Inanspruchnahme von Personal und Sachmitteln Patienten stationär zu behandeln und dafür eine besondere Vergütung in Anspruch zu nehmen.[155]

Seine Verknüpfung mit der Person des Chefarztes ist geschichtlich bedingt.[156] Es geht auf den selbständig am Krankenhaus tätigen Arzt zurück, wie er noch bis zum Ende des 19. Jahrhunderts vorherrschend war;[157] er hatte mittellose Patienten umsonst zu behandeln und bezog sein Einkommen aus der Betreuung wohlhabender Patienten. Auch mit dem Aufkommen des Anstaltskrankenhauses blieb der Chefarzt darauf angewiesen, sein eher bescheidenes Festgehalt durch die Behandlung dieses Patientenkreises aufzu-

---

[155] Rieger Rn. 1154; Luxenburger S. 107 und 129; Lüke/Walendy JZ 1977, 657.

[156] Dazu allgemein Luxenburger S. 24 ff.; R. Eichholz S. 8 ff.; vgl. auch Diederichsen S. 11 und W. Eichholz KH 1975, 163, 165.

[157] R. Eichholz S. 9 spricht in diesem Zusammenhang davon, daß das Krankenhaus in geschichtlicher Zeit belegärztliche Züge trägt; vgl. auch Luxenburger S. 25.

bessern.[158] Gegenwärtig kommt dem Liquidationsrecht die Aufgabe zu, dem Chefarzt ein dem niedergelassenen Facharzt vergleichbares oder höheres Einkommen zu gewährleisten.[159] Wie nicht zu bestreiten ist, kann nur auf diese Weise die für leitende Aufgaben erforderliche hohe Qualifikation von Bewerbern sichergestellt werden.[160] Dabei wird hingenommen, daß im Ergebnis nur etwa 10-15% der Patienten über 70% des Chefarzteinkommens finanzieren.[161]

Woher sich die Befugnis des Chefarztes freilich herleitet, ob sie ihm in jedem Fall zusteht oder verliehen werden muß und deshalb auch wieder entzogen werden kann, ist schon seit längerem Gegenstand heftiger Auseinandersetzungen gewesen, die mit den Schlagworten vom notwendig originären oder derivativen Liquidationsrecht geführt worden sind.

II. Der Streit um die originäre oder derivative Natur des Liquidationsrechts

Bis in die Mitte dieses Jahrhunderts befand sich das Liquidationsrecht in einer Phase der Entwicklung und Verfestigung. Dabei stand seine Zuordnung zur Person des Chefarztes ebenso außer Zweifel wie dessen Pflicht, dem Krankenhaus für die Inanspruchnahme von Personal und Sachmitteln dem Grunde nach einen Ausgleich zu leisten.[162] Das änderte sich durch die zunehmend defizitäre Entwicklung der Pflegesätze ab Ende des 2. Weltkrieges, die den Krankenhäusern Anlaß gab, die Abgaben kräftig zu erhöhen.[163] So sollten bis zu 70% der Liquidationserlöse aus der Behandlung der

---

[158] Luxenburger S. 27 und W. Eichholz a.a.O. (Fn. 156); zur ähnlich verlaufenen Entwicklung beim beamteten Anstaltsarzt siehe BVerfGE 52, 303, 332 f.

[159] Wohlhage S. 6 erwähnt in seiner Dissertation aus dem Jahre 1971 bereits Jahreseinkommen zwischen 200.000,-- DM und 500.000,-- DM bis hin zu 1 Mio. DM.

[160] Wohlhage S. 51; Diederichsen S. 11; Weissauer Bay. ÄBl. 1974 363; Lüke/Walendy JZ 1977, 657; BVerwG NJW 1970, 1248; VG Münster DÖD 1973, 99, 102; BVerfG 52, 303, 330 f. sowie Dieterich S. 110 und Luxenburger S. 50 für den beamteten Chefarzt.

[161] Diederichsen S. 12; Gitter S. 8 f.; Ulsamer S. 5 Fn. 1.

[162] Vgl. Nipperdey KHA 1949 (4), 4, 17, der freilich auf S. 9 f. erwägt, ob nicht die Übernahme der Leitungsaufgaben im Krankenhaus als Ausgleich für die Inanspruchnahme von Personal und Sachmitteln anzusehen ist.

[163] Ausführlich Luxenburger S. 28 Fn. 73; vgl. auch aus dieser Zeit Nipperdey KHA 1949 (4), 4, 10 und 12 sowie Molitor S. 83.

Patienten der I. und II. Pflegeklasse, teilweise auch der III. Pflegeklasse,[164] an den Krankenhausträger abgeführt werden.[165] Auch beamtete Chefärzte sahen sich hohen Abgabeforderungen gegenüber.[166] Die hiergegen bezogene Rechtsposition[167] ging von einem notwendig dem Chefarzt zugeordneten Liquidationsrecht aus, der in privater Nebentätigkeit und vorrangig im Rahmen eines gespaltenen Arzt-Krankenhaus-Vertrages dem Patienten gegenüber tätig werde.[168] Das Liquidationsrecht bestand danach kraft eigener - originärer - Rechtsbeziehungen. Die entscheidende Folgerung war, daß eine die konkreten Kosten übersteigende Abgabepflicht bei Vereinbarung im Anstellungsvertrag gegen die guten Sitten[169] oder bei Einführung im Verordnungswege gegen geltendes Beamtenrecht verstoße.[170] Diese Auffassung vom originären Charakter des chefärztlichen Liquidationsrechts konnte sich auf die bis dahin verlaufene tatsächliche Entwicklung stützen, wonach der Chefarzt die Behandlung nicht nur persönlich erbrachte, sondern auch das Honorar selbständig einzog. Die Annahme, daß dies auf dem Hintergrund entsprechender vertraglicher Beziehungen zwischen Chefarzt und Patient geschehe, ist ebenso naheliegend wie der weitere Gedanke, daß der Patient eine ausschließliche Bindung an den Chefarzt anstrebe.[171] Auch verwundert nicht, daß zur Begründung eines notwendig im Verhältnis zum Patienten bestehenden Liquidationsrechts auf Gewohnheitsrecht[172] und - ergänzend - auf den freiberuflichen Charakter der chefärztlichen Tätigkeit zurückgegriffen worden ist.[173]

---

[164]   Luxenburger S. 29 Fn. 75.

[165]   Auch die gänzliche Übernahme des Liquidationsrechts durch die Krankenhäuser stand im Raum; vgl. Knur KHA 1951, 131 und die dort wiedergegebene Stellungnahme des Geschäftsführers der DKG.

[166]   Vgl. Fälle BGHZ 7, 1 und KHA 1958, 281 zu der in NordrheinWestfalen erlassenen Spar-Verordnung, die eine Abführung von 50 % der 10.000,-- DM jährlich übersteigenden Liquidationserlöse vorsah; ebenso verfuhren Niedersachsen und Hessen, vgl. W. Eichholz KH 1975, 163, 173 Fn. 19.

[167]   Allgemein hierzu Diederichsen S. 48 ff.; Luxenburger S. 90 ff., 96.

[168]   Nipperdey KHA 1949 (4), 4, 7; Knur KHA 1951, 131, 135 f.; Küchenhoff KHA 1951, 202, 206; zustimmend Uhlenbruck NJW 1964, 431, 432.

[169]   So Nipperdey a.a.O. S. 16 f.

[170]   Nipperdey KHA 1949 (7), 13 ff.

[171]   Am stärksten ausgeprägt bei Nipperdey a.a.O. (Fn. 169).

[172]   Knur KHA 1951, 131, 134.

[173]   Nipperdey KHA 1949 (4), 4, 10; Knur KHA 1951, 131, 133.

Die gegenteilige Auffassung[174] ging von einer dienstlichen Pflicht des Chefarztes zur Behandlung der selbst zahlenden Patienten aus.[175] Dementsprechend komme nur das Krankenhaus als Partner des - totalen - Krankenhausvertrages in Betracht;[176] wenn der Chefarzt beim Patienten liquidieren dürfe, dann nur derivativ kraft Ableitung aus dem Recht des Krankenhauses.[177] Die Vereinbarung von Abgabepflichten unterliegt bei dieser Begründung des Liquidationsrechts keiner rechtlichen Beschränkung.[178]

Dieser stark von den Interessenverbänden - dem Verband leitender Chefärzte auf der einen Seite und der Deutschen Krankenhausgesellschaft auf der anderen Seite - geschürte Streit[179] fand für den angestellten Chefarzt sein vorläufiges Ende in den von beiden Verbänden ausgehandelten "Grundsätze(n) für die Gestaltung von Verträgen zwischen Krankenhausträgern und leitenden Abteilungsärzten (Chefärzten)" aus dem Jahre 1957.[180] Darin ist sowohl das Liquidationsrecht als auch die Abgabepflicht zum typischen Inhalt des Chefarztvertrages gemacht worden.[181] Die Behandlung der selbstzahlenden Patienten ist danach als dienstliche Tätigkeit ausgestaltet.[182] Dies ist freilich nur vordergründig ein Zugeständnis an das Postulat des derivativen Liquidationsrechts; zwar ist damit der Chefarzt vollständig in das Krankenhaus eingegliedert, zugleich aber erhält das Liquidationsrecht den Charakter einer variablen Dienstvergütung[183] unter Einschluß der damit

---

[174] Allgemein hierzu Luxenburger S. 94 ff.

[175] Molitor S. 52 ff.

[176] Molitor S. 42 ff.

[177] Molitor S. 48, 76 f.

[178] Molitor S. 80 ff.

[179] Vgl. Diederichsen S. 48; Luxenburger S. 96 f.; Wohlhage S. 13; Ulsamer S. 4; W. Eichholz KHA 1975, 163, 167.

[180] Veröffentlicht in KH 1957, 138 ff.

[181] Nr. IV 1 und 3, a.a.O. S. 139.

[182] Nr. III a.a.O. S. 138.

[183] So bereits Molitor S. 74 ff.; heute für den angestellten Chefarzt allgemeine Meinung, vgl. Rieger Rn. 507; Luxenburger S. 35 und 123; Wohlhage S. 52 f.; Ulsamer S. 88; ebenso das BAG in ständiger Rechtsprechung, BAG 30, 1, 6; BAG MedR 1983, 230, 239.

verbundenen Besitzstandwahrung bei einer gesetzlich bedingten Schmälerung seiner Liquidationsbefugnis.[184]

Die damit überwunden geglaubte Streitfrage gewann jedoch wieder Bedeutung, als unter erneutem Kostendruck die Gesetzgebung zur Krankenhausreform mit dem Krankenhausfinanzierungsgesetz (KHG)[185] und der auf seiner Grundlage ergangenen Bundespflegesatzverordnung Gestalt annahm. Der Versuch, das Liquidationsrecht als notwendig originär oder derivativ zuzuweisen, wurde nunmehr anhand dieser Regelungen unternommen.

Dabei erhielt die Auffassung, die Wahlbehandlung könne nur eine allein vom Chefarzt geschuldete Leistung sein,[186] wenig Zustimmung.[187] Ebenso erging es dem erneuten Versuch, den Gedanken des freien ärztlichen Berufs zugunsten eines originär strukturierten Liquidationsrechts nutzbar zu machen.[188] Spätestens die Anerkennung der - an der GOÄ ausgerichteten - Eigenliquidation des Krankenhauses in § 7 Abs. 3 S. 2 BPflV[189] hätte dieser Lehre die Grundlage entzogen.

Größere Beachtung fand die entgegengesetzte These, der Verordnungsgeber habe einen Wandel zugunsten der derivativen Gewährleistung des Liquidationsrechts vollzogen.[190] Den maßgeblichen Ansatzpunkt bot die Definition der Krankenhausleistungen in § 2 Nr. 5 BPflV a. F., wozu die ärztlichen Leistungen - ohne Unterscheidung zwischen Regel- und Wahlbehandlung - gehörten.[191] Ebenso wurde § 6 S. 2 BPflV a. F. herangezogen, wonach die

---

[184] Dem Chefarzt steht in diesem Fall ein Anspruch auf Erhöhung seiner festen Bezüge zu, so BAG NJW 1980, 1912, 1915 und BAG MedR 1983, 230, 232 f.; Rieger Rn. 1164; vgl. auch Hoffmann-Becking/Schippel S. 298.

[185] Vom 29.6.1972 (BGBl. I. S. 1009).

[186] So Weissauer a.a.O. (Fn. 83).

[187] Bis zur 8. Ergänzungslieferung durch Narr Rn. 856 und Gitter S. 34.

[188] So Gitter S. 10 ff. und 41 ff.

[189] Siehe oben S. 18.

[190] So erstmals Uhlenbruck NJW 1973, 1399, 1400 als vormaliger Vertreter der entgegengesetzten Auffassung zur Natur des Liquidationsrechts (oben Fn. 168); ebenso Laufs Rn. 49; Weyers S. 29; Roos S. 305; D. Franzki S. 28; MünchKomm-Hanau § 278 BGB Rn. 22; Kurzawa VersR 1977, 799, 801; Musielak JuS 1977, 87, 88; Westermann NJW 1974, 577, 578; Neufelder/Wollenschläger NJW 1974, 1415, 1418; aus der Rechtsprechung: AG Saarbrücken VersR 1976, 362; LG Saarbrücken NJW 1977, 1496.

[191] Noch deutlicher in § 2 Abs. 1 BPflV akzentuiert, wonach die Leistungen des Krankenhauses sowohl die allgemeinen als auch die Wahlleistungen umfassen; daher die Abkehr Narrs Rn. 856 und 992 von seiner bisher vertretenen Auffassung (oben Fn. 187).

gesonderte Berechnung von Wahlleistungen mit dem Krankenhaus zu vereinbaren ist.[192] Die Erwähnung der "liquidationsberechtigten Ärzte" in § 6 S. 4 BPflV a. F. sowie die in § 18 Abs. 6 BPflV a. F. geregelte Pflicht dieser Ärzte zur Erstattung von Unkosten an das Krankenhaus stehen dieser Annahme nicht zwingend entgegen.[193]

Aber auch diese Auffassung erweist sich letztlich nicht als tragfähig. So wird man aus der beschränkten Gesetzgebungskompetenz des Bundes[194] folgern müssen, daß die Befugnis des Krankenhausträgers oder des Dienstherrn, den dienstlichen Pflichtenkreis des Chefarztes im Wege der Vereinbarung oder eines Organisationsaktes festzulegen, unberührt bleibt. Dies gilt auch für die kraft Privatautonomie sowohl dem Krankenhaus als auch dem Chefarzt offenstehende Möglichkeit, Behandlungsverträge mit Wahlleistungspatienten abzuschliessen.[195] Lediglich ihr Inhalt ist Modifikationen - etwa durch das in § 7 Abs. 3 S. 1 BPflV geregelte Bündelungsprinzip[196] - oder Beschränkungen - etwa durch das in § 7 Abs. 4 S. 1 BPflV festgelegte Koppelungsverbot[197] - unterworfen.

III. Konstruktive Verwendung der Begriffe originär und derivativ

1. Die gestellte Aufgabe

Steht es somit den Beteiligten frei, das Liquidationsrechtdes Chefarztes in der einen oder in der anderen Weise zu organisieren, können die Begriffe "originär" oder "derivativ" nur noch in konstruktiven Zusammenhängen

---

[192] So W. Eichholz KH 1974, 42, 43; die h. M. schränkt diese Bestimmung dahin ein, daß die Vereinbarung nur die Wahl als solche umfaßt, nicht aber die Leistungsträgerschaft festlegt, vgl. Luxenburger S. 209 f. m. w. N.; Diederichsen S. 75 f., 90; im Ergebnis ebenso Weissauer SÄBl. 1975, 168, 174 f.; Lüke/Walendy JZ 1977, 657, 658.

[193] Vgl. Luxenburger S. 214 f.; zu den konstruktiven Möglichkeiten der Übertragung des Liquidationsrechts vom Krankenhaus auf den Chefarzt ausführlich unten S. 33 ff.

[194] Vgl. Weissauer SÄBl. 1975, 168, 175; Gitter S. 31; Luxenburger S. 218.

[195] Luxenburger S. 206 ff.; vgl. auch Diederichsen S. 71 ff.

[196] Danach kann die Wahlbehandlung nicht auf einen Chefarzt beschränkt werden, sondern erfaßt alle an der Behandlung beteiligten Chefärzte mit Liquidationsberechtigung; hierzu zuletzt BGH MedR 1987, 241.

[197] Verbot der Verknüpfung von Wahlbehandlung mit der Vereinbarung einer höheren Pflegeklasse; dazu im einzelnen Luxenburger S. 240 ff.

sinnvoll verwendet werden.[198] Mit ihnen soll beschrieben werden, welche Möglichkeiten der Umsetzung bestehen.

2. Originäre Gewährleistung oder direktes Liquidationsrecht des Chefarztes

Das Krankenhaus kann es dem Chefarzt überlassen, den Behandlungsvertrag unmittelbar mit dem Wahlleistungspatienten zu schließen und das Honorar selbst einzuziehen; das pflegesatzrechtliche Gebot, die gesonderte Berechnung der Wahlleistung Arzt mit dem Krankenhaus zu vereinbaren, steht dem nicht entgegen.[199] Bei dieser Ausgestaltung soll von originärer Gewährleistung oder direktem Liquidationsrecht des Chefarztes[200] gesprochen werden.

3. Derivative Gewährleistung oder mittelbares Liquidationsrecht des Chefarztes

a) Begriff

Das Krankenhaus kann aber auch selbst die wahlärztlichen Leistungen als eigene Vertragspflicht übernehmen. Damit steht das Honorar dem Grundsatz nach dem Krankenhausträger zu. Alle Gestaltformen, die eine Übertragung der Liquidationsbefugnis auf den Chefarzt oder seine Beteiligung zum Gegenstand haben, sollen unter dem Begriff der derivativen Gewährleistung oder des mittelbaren Liquidationsrechts[201] zusammengefaßt werden.

b) Liquidationsbefugnis kraft Vereinbarung zugunsten des Chefarztes

Die dem direkten Liquidationsrecht am nächsten stehende Übertragungsweise besteht darin, daß dem Chefarzt im Behandlungsvertrag die Befugnis eingeräumt wird, das Honorar aus eigenem Recht geltend zu machen. Kon-

---

[198] Ebenso Diederichsen S. 10; vgl. zum Sprachgebrauch auch Luxenburger S. 8 Fn. 35.

[199] Siehe oben Fn. 192.

[200] So bereits oben S. 2. Peters KHA 1960, 295, 300 spricht in vergleichbarem Zusammenhang vom Eigenliquidationsrecht des Chefarztes.

[201] Peters a.a.O. spricht insoweit vom Fremdliquidationsrecht.

struktiv handelt es sich um eine Vereinbarung - zwischen Krankenhaus und Wahlleistungspatient - zugunsten eines Dritten, des Chefarztes.[202] Weil das Behandlungshonorar rechtslogisch von Anfang an dem Chefarzt zusteht, wird diese Gestaltform bisweilen dem direkten Liquidationsrecht zugerechnet.[203] Funktional führt jedoch der Weg zur Liquidationsberechtigung über das Krankenhaus, das zugunsten des Chefarztes als Versprechensempfänger tätig werden muß. Daher rechtfertigt sich die hier - und auch üblicherweise[204] - vertretene Zuordnung zum mittelbaren Liquidationsrecht.

c) Liquidationsbefugnis kraft Zession

In konstruktiv reiner Form wird das mittelbare Liquidationsrecht durch eine im Chefarztvertrag oder dem Einstellungsakt enthaltene antizipierte Globalzession aller künftiger Honoraransprüche des Krankenhauses umgesetzt, die aus der Behandlung von Wahlleistungspatienten in der vom Chefarzt geleiteten Abteilung entstehen.[205] Dabei kann die Abrechnung - in sinngemäßer Offenlegung der Abtretung - dem Chefarzt gestattet werden[206] oder weiterhin dem Krankenhaus - als dem Zedenten in stiller Zession - überlassen sein, das die eingezogene Vergütung an den Chefarzt weiterleitet.[207]

d) Beteiligungsvergütung

Obwohl der Sache nach zur Eigenliquidation[208] gehörig liegt- als schwäch-

---

[202] Als erster Molitor S. 48, 64, 76 f.; ebenso Deutsch, Arztrecht S. 21; Weissauer/Hirsch S. 19; Lüke/Walendy JZ 1977, 657, 658.

[203] So bei Diederichsen S. 10.

[204] Vgl. Luxenburger S. 96.

[205] Uhlenbruck NJW 1973, 1399, 1400; W. Eichholz KH 1974, 43, 44; von einem Vorrang dieser Konstruktion geht Wohlhage S. 54 aus; gleichen Rang mit der Vereinbarung zugunsten Dritter räumen ein Diederichsen S. 10; Ulsamer S. 69, 87 f.; Luxenburger S. 39.

[206] Zur Problematik, ob der Chefarzt hierbei an einen bestimmten Multiplikator gebunden werden kann, Rieger Rn. 505; Narr Rn. 1122; Simon-Weidner Arztrecht 1980, 115, 124 (alle ablehnend).

[207] "Mittelbare Liquidation", so Luxenburger S. 250 ff., oder "Ausübung" (des Liquidationsrechts durch das Krankenhaus), so Ulsamer S. 118 ff., jeweils mit weiteren Angaben zu den Besonderheiten dieser Abrechnung.

[208] Siehe oben Fn. 99.

ste Form - ein Fall der mittelbaren Liquidation vor, wenn das Behandlungshonorar durch eine an den Einkünften orientierte Beteiligungsvergütung[209]
zugewendet wird.

IV. Das Liquidationsrecht des angestellten Chefarztes an hand in der Praxis verwirklichter Modelle

1. Direktes Liquidationsrecht: der Mustervertrag des Verbandes leitender Krankenhausärzte[210]

Der Mustervertrag ordnet in Anknüpfung an die Vertragsgrundsätze aus
dem Jahre 1957[211] die stationäre Behandlung aller Kranken, also auch der
Wahlleistungspatienten, den *Dienstaufgaben* des Chefarztes zu,[212] läßt aber
auch eine abweichende Vereinbarung "durch Nebentätigkeitserlaubnis" zu.
Die Vergütung für die Tätigkeit im dienstlichen Aufgabenbereich sieht
dementsprechend neben einem Festgehalt *die Einräumung des Liquidationsrechts* für die Behandlung von Wahlleistungspatienten vor, wobei aus den
Anmerkungen ersichtlich wird, daß die Einräumung zum direkten Abschluß
eigener Behandlungsverträge mit dem Wahlleistungspatienten berechtigen
soll.[213] Nach § 8 des Mustervertrages ist der Chefarzt lediglich verpflichtet,
dem Krankenhaus den Wahlarztabschlag, also die Differenz zwischen dem
großen und dem ermäßigten Pflegesatz als *Kostenerstattung* zu ersetzen, wobei abweichend auch eine prozentuale Pauschale bis zu 20% der Liquidationseinnahmen zugelassen ist.[214] Die Kostenerstattung in der erstgenannten
Form würde der inzwischen gemäß § 11 Abs. 3 BPflV geltenden Regelung[215]
entsprechen.

---

[209] Praktisches Beispiel bei Hoffmann-Becking/Schippel S. 287 ff., 297 (Anmerkung 22c):
Festbetrag bis zu einer bestimmten Höhe der Einkünfte sowie bis zu 2/3 von den darüber
hinausgehenden Einkünften; vgl. auch die ebenso ausgerichtete DKG Beratungshilfe vom
7.6.1983 und die insoweit ablehnende Stellungnahme der Bundesärztekammer in DÄBl 1983
(44), 22.

[210] Simon-Weidner Arztrecht 1980, 115, 116 ff.

[211] Siehe oben S. 30.

[212] Simon-Weidner a.a.O. (Fn. 210) S. 117 (§ 3 Nr. 1 a).

[213] Simon-Weidner a.a.O. S. 123.

[214] Simon-Weidner a.a.O. S. 127; zur Zulässigkeit ausführlich Luxenburger S. 324 ff.

[215] Siehe oben S. 20.

2. Mittelbares Liquidationsrecht: der Mustervertrag der DKG [216]

Notwendigerweise ist bei derivativer Ausgestaltung des Liquidationsrechts die Betreuung auch der Wahlarztpatienten *Dienstaufgabe*[217]. Der Chefarzt erhält das Liquidationsrechtausdrücklich als *variablen Teil der Vergütung*[218]. Dabei wird von einem Vertragsschluß zwischen Krankenhaus und Wahlleistungspatient ausgegangen.[219] Eine ausdrückliche Zession oder die Verpflichtung, hinsichtlich des Honorars eine Vereinbarung zugunsten des Chefarztes zu schließen, findet sich nicht. Eine entsprechende Übertragung ist aber sinngemäß vorausgesetzt, indem Bestimmungen für die Liquidation durch den Chefarzt oder durch das Krankenhaus zugunsten des Chefarztes getroffen werden.[220] Hinsichtlich der *Kostenerstattung* bestehen keine prinzipiellen Unterschiede zum Mustervertrag der leitenden Krankenhausärzte. Zur Wahl stehen: konkrete Berechnung, Pauschalierung auf der Grundlage des Liquidationserlöses oder Ausgleich des durch den Wahlarztabschlag bedingten Ausfalls.[221]

Diese Gestaltung ist im Bereich der kommunalen Krankenhäuser weit verbreitet,[222] weshalb sie im folgenden für den angestellten Chefarzt repräsentativ sein soll.

3. Absicherung des Liquidationsrechts

Das Recht zur Liquidation gegenüber bestimmten Patientengruppen gehört zwar zum traditionellen Bestand der mit Chefärzten geschlossenen Anstel-

---

[216] Hier und im folgenden in der bei Hoffmann-Becking/Schippel S. 287 ff. bearbeiteten Fassung zugrundegelegt; vgl. dazu daselbst S. 292 Anm. 3.

[217] Hoffmann-Becking/Schippel S. 287.

[218] Hoffmann-Becking/Schippel S. 297; vgl. auch Rieger Rn. 507.

[219] Hoffmann-Becking/Schippel S. 298: "Das Liquidationsrecht beginnt mit dem Tag, an dem das Krankenhaus den Antrag auf gesondert berechenbare Leistungen angenommen hat."

[220] Hoffmann-Becking/Schippel S. 298.

[221] Hoffmann-Becking/Schippel S. 300 f.

[222] Der Verbandsdirektor der Baden-Württembergischen Krankenhausgesellschaft spricht in einem nicht veröffentlichten Vortrag vom 16.4.1986 (vor Verwaltungsleitern in Würzburg gehalten) von einer entsprechenden Verkehrssitte in den Krankenhäusern des Landes.

lungverträge;[223] dennoch aber gibt es außerhalb vertraglicher Abmachungen keine Verankerung des Liquidationsrechts, insbesondere nicht kraft Gewohnheitsrechts.[224] Abgeschlossenen Verträgen kann jedoch gegenüber Veränderungen Bestandsschutz zukommen, wie dies in § 7 Abs. 4 S. 2 BPflV[225] hinsichtlich des Koppelungsverbots[226] geschehen ist.[227] Bei einer umfangmäßigen Beschneidung können Entschädigungsansprüche gegeben sein.[228]

V. Das Liquidationsrecht des beamteten Chefarztes

1. Das Beamtenrecht als Grundlage

Während das Liquidationsrecht des angestellten Chefarztes im Verhältnis zum Krankenhausträger individueller vertraglicher Regelung zugänglich ist, tritt beim beamteten Chefarzt das generelle, durch Gesetz, Verordnung und Erlasse konkretisierte Beamtenrecht in den Vordergrund. Ein Rest an vertraglicher Grundlegung verbleibt, wenn man der Auffassung folgt, das Liquidationsrecht des beamteten Arztes beruhe auf einem öffentlich-rechtlichen Vertrag.[229] Jedoch könnte dadurch nur das "Ob", nicht aber das "Wie" der Liquidationsberechtigung geregelt werden. Auch in den mit beamteten Hochschullehrern getroffenen Berufungsvereinbarungen werden allenfalls organisatorische Fragen oder der Umfang sachlicher und personeller Ausstattung festgelegt, nicht aber Einzelheiten der Liquidationsberechtigung. Fernwirkungen können freilich in Betracht kommen, wie etwa ein Schutz vor der in Krankenhausgesetzen angeordneten Pflicht zur Beteiligung nach-

---

[223] Luxenburger S. 38; Peters KHA 1960, 295, 296.

[224] Ganz h. M., vgl. Wohlhage S. 23 f.; Luxenburger S. 97; Diederichsen S. 52 f.; Lüke/Walendy JZ 1977, 657, 658; Weissauer SÄBl. 1975, 176. A. A. Knur KHA 1951, 131, 134.

[225] § 6 S. 5 BPflV a. F.

[226] Siehe oben Fn. 196.

[227] Dazu ausführlich Luxenburger S. 240 ff.; Narr Rn. 994.

[228] Siehe oben Fn. 184.

[229] Neufelder/Wollenschläger NJW 1974, 1417, 1418; nach anderer Auffassung erfolgt die Verleihung des Liquidationsrechts durch mitwirkungsbedürftigen Verwaltungsakt; vgl. Lippert NJW 1986, 2876, 2877; Luxenburger S. 45; beide Möglichkeiten erwägt BVerfGE 52, 303, 335.

geordneter Ärzte an den Liquidationseinnahmen,[230] wenn das Liquidationsrecht schon vorher verliehen worden war.[231]

2. Gestaltungsmöglichkeiten

Zwei theoretische Ansätze sind denkbar: Die Wahlbehandlung gehört zu den Dienstaufgaben des Chefarztes und dieser erhält hierfür das Behandlungshonorar als variable Zusatzbesoldung (mittelbares Liquidationsrecht), wobei einer Zuwendung über den Dienstherrn - also nicht über das Krankenhaus - der Vorzug zu geben wäre;[232] oder die Wahlbehandlung wird als eigener Bestandteil aus dem Hauptamt ausgegliedert und der Chefarzt erhält die Behandlungshonorare als Einkünfte aus Nebentätigkeit (direktes Liquidationsrecht), sei es im Nebenamt oder in Nebenbeschäftigung innerhalb oder außerhalb des öffentlichen Dienstes.[233] Eine Nebenbeschäftigung im öffentlichen Dienst läge vor, wenn das Interesse des Krankenhauses an der Durchführung der Wahlbehandlung im Vordergrund stünde.[234] Aber auch in diesem Fall bliebe die Wahlbehandlung selbst private Nebentätigkeit,[235] so daß der Chefarzt zur Geltendmachung des Honorars wie im Fall der Nebenbeschäftigung außerhalb des öffentlichen Dienstes auf eine direkte vertragliche Beziehung zum Wahlleistungspatienten angewiesen wäre.

3. Das verwirklichte Modell: Wahlbehandlung als private Nebentätigkeit (direktes Liquidationsrecht)

Entgegen der theoretisch möglichen Vielfalt läßt sich in der Praxis nur eine

---

[230] Etwa nach §§ 34 ff. KHG BW; zu den Regelungen anderer Bundesländer Luxenburger S. 361 ff.

[231] Beispielhaft § 43 Abs. 2 KHG BW, vormals § 19 Abs. 1 KHG BW vom 16.12.1975 (GBl. S. 838); dazu auch Narr Rn. 999.

[232] Sachlich läge eine Beteiligungsvergütung (oben S. 35) vor; zu den besoldungsrechtlichen Bedenken, denen eine - wenngleich mittelbare - Zuwendung seitens der Wahlleistungspatienten ausgesetzt wäre, Peters KHA 1960, 295, 299.

[233] Vgl. BVerfGE 52, 303, 334 f.

[234] So BVerwG NJW 1970, 1248, (später korrigiert in BVerwG NJW 1974, 1440 zur Nebenbeschäftigung außerhalb des öffentlichen Dienstes).

[235] So zutreffend Peters KHA 1960, 295, 302 f.

Gestaltform nachweisen: die Wahlbehandlung als private Nebentätigkeit, und zwar als Nebenbeschäftigung außerhalb des öffentlichen Dienstes. Der erste Versuch, das Liquidationsrecht des beamteten Chefarztes grundlegend zu ordnen, wurde in den Jahren 1937 bis 1939 unternommen. Die entsprechenden Verordnungen[236] sahen vor, daß den Chefärzten die Behandlung von Patienten der höheren Pflegeklassen als Nebentätigkeit für den Fall allgemein gestattet wurde, daß der Patient die persönliche Behandlung durch den Chefarzt wünschte.[237] Auch die Pflicht zur Abführung eines bestimmten Prozentsatzes der Einkünfte für die Inanspruchnahme von Personal, Material und Einrichtungen des Dienstherrn war bereits vorgesehen.[238]

Die in der Lehre vom notwendig derivativ bestehenden Liquidationsrecht vertretene Auffassung, wonach die Wahlbehandlung Dienstaufgabe des Chefarztes sei und das Liquidationsrecht nur auf mittelbarem Wege übertragen werden könne,[239] blieb für den beamteten Chefarzt ebenso ohne Folgen wie die daran ausgerichteten Grundsätze für die Gestaltung von Chefarztverträgen.[240]

So ist die Zuordnung der Wahlbehandlung zum Hauptamt des Chefarztes zu keiner Zeit versucht worden. Der Entscheidungssachverhalt zum Fall BGHZ 7, 1 ff. bietet nur vordergründig ein Gegenbeispiel. Zwar ist dort ausgeführt, daß die Behandlung der selbstzahlenden Patienten zur Haupttätigkeit des beamteten Chefarztes gehört habe und so "zu dem feststehenden Gehalt ... eine veränderliche Entschädigung" hinzutrete.[241] Diese Einordnung, die nur auf den Inhalt des Einstellungsschreibens, nicht aber auf das weitergeltende Beamtenrecht abhob,[242] diente ersichtlich nur dazu, die sehr weitgehende Pflicht zur Abführung von Liquidationseinnahmen[243] gegen den Einwand der Revision, die Liquidationseinnahmen seien als private

---

[236] Verordnung über die Nebentätigkeit der Beamten vom 6.7.1937 (RGBl. I S. 753) und Verordnung über die Nebentätigkeit der Hochschullehrer vom 18.4.1939 (RGBl. I S. 797).

[237] Nr. 5 der Verordnung vom 18.4.1939.

[238] Nr. 2 Abs. 1 und Ziffer 8 dieser Verordnung.

[239] Siehe oben S. 30 f.

[240] Ebenda.

[241] BGHZ 7, 1, 13.

[242] Peters KHA 1960, 295, 304 äußert deshalb Zweifel an der Richtigkeit dieser Entscheidung.

[243] Siehe oben Fn. 166.

Einkünfte der Sphäre des Beamtenrechts entzogen,[244] zu rechtfertigen. Die verwaltungsgerichtliche Rechtsprechung, die sich später in Verfahren gegen festgesetzte Nutzungsentgelte ebenfalls damit auseinanderzusetzen hatte, entkräftete diesen Einwand mit dem Hinweis, daß beamtete Hochschullehrer keinen Doppelstatus - einerseits Privatarzt, andererseits beamteter Arzt - besitzen.[245] Somit hätte die Berechtigung der maßgeblichen Abführungspflicht auch bei Annahme einer Nebentätigkeit diskutiert werden können.[246]

Zur Verfestigung der geschilderten Lage hat beigetragen, daß die Zuordnung der Wahlbehandlung zum Hauptamt gegen das in Bund und Ländern inzwischen geschaffene Beamtenrecht[247] verstoßen hätte. So gilt seitdem der Grundsatz, daß die Besoldung für Tätigkeiten im Hauptamt gesetzlich geregelt sein muß,[248] weshalb es dem Chefarzt nicht möglich ist, für die hauptamtlich wahrgenommene Wahlbehandlung eine variable Vergütung außerhalb der Besoldungsordnung zu erhalten.[249] Hierzu müßte das Besoldungsrecht geändert werden. Vorbilder, wie den Gebührenbeamten[250] oder die Sondervergütung für hauptamtliche Prüfertätigkeit von Professoren[251], gibt es bereits. Auch sind entsprechende Reformüberlegungen schon geäußert worden.[252] Ernsthafte Bestrebungen, die Entwicklung in diese Richtung voranzutreiben, sind jedoch nicht erkennbar.

Möglich - und im Hinblick auf das Verbot der Überbesoldung auch zuläs-

---

[244] BGHZ 7, 1, 11.

[245] BVerwG NJW 1970, 1248, 1249; BVerwG NJW 1974, 1440, 1441.

[246] A. A. BGH KHA 1958, 282, ein Urteil, das ebenfalls zu der Sparverordnung Nordrhein-Westfalens ergangen ist und über die Annahme einer Nebentätigkeit des beklagten Chefarztes zur Unanwendbarkeit der Verordnung kam; kritisch zu dieser Alternativbildung Peters KHA 1960, 295, 302.

[247] Das Beamtenrechtsrahmengesetz (BRRG) stammt vom 1.7.1957.

[248] §§ 50 Abs. 2 BRRG, 183 BBG und 2 Abs. 2 BBesG; vgl. Luxenburger S. 47 Fn. 162 m. w. N. und Rieger Rn. 1239; ferner Weissauer/Hirsch S. 3; Ulsamer S. 116 ff.; Wohlhage S. 104.

[249] Im Fall BGHZ 7, 1 (oben S. 39) galten die vorstehend erwähnten Vorschriften noch nicht, worauf Luxenburger S. 45 Fn. 150 zurecht hinweist.

[250] Vgl. § 49 BBesG in Verbindung mit der Vollstreckungsvergütungsverordnung vom 8.7.1976 (BGBl. I S. 1783).

[251] Vorbemerkung Nr. 5 zu Abschnitt II der Landesbesoldungsordnung BW in der Fassung des Gesetzes vom 6.5.1975 (GBl. S. 333).

[252] Vgl. Luxenburger S. 51 f.

sig[253] - wäre es, die Wahlbehandlung dem Chefarzt im Nebenamt - und somit auch mit dienstlicher Plichtenbindung ausgestattet - aufzuerlegen.[254] Dagegen spricht jedoch, daß bei dieser Art der Ausgestaltung für die Inanspruchnahme von Einrichtungen, Personal und Material des Dienstherrn dem Grundsatz nach kein Entgelt zu entrichten wäre.[255] Tatsächlich ist dieser Weg in keinem Bundesland beschritten worden.[256]

Somit gab und gibt es derzeit zu der bereits 1939 vom Verordnungsgeber verwirklichten Lösung, das Liquidationsrecht den Chefärzten über eine allgemein genehmigte private Nebentätigkeit zu gewährleisten, keine praktische Alternative. Alle Bundesländer haben sich auf sie festgelegt.[257]

4. Die Gültigkeit dieses Modells und seine verfassungsrechtliche Einordnung

Gegen die Ausgestaltung der Wahlbehandlung als private Nebentätigkeit sind Bedenken geäußert worden. Sie knüpfen daran an, daß die Behandlung von Wahlleistungspatienten unbestreitbar zu den Aufgaben öffentlicher Krankenhäuser gehört.[258] Dem Grundsatz nach ist eine Verrichtung, die sich von der dienstlichen Tätigkeit nicht abhebt und zum Aufgabenbereich des Dienstherrn gehört, einer Nebentätigkeit nicht zugänglich.[259] Auch ist die Auffassung vertreten worden, es liege deshalb eine unzulässige Umgehung des Verbots der Überbesoldung vor.[260] Dem hat bereits das Bundes-

---

[253] Vgl. Luxenburger S. 44 f. m. w. N.

[254] So der Vorschlag Wohlhages S. 43.

[255] Vgl. Weissauer/Hirsch S. 3 unter Hinweis auf die Rechtslage in Nordrhein-Westfalen; derselbe Gesichtspunkt spricht gegen eine Zuordnung der Wahlbehandlung zum Hauptamt, vgl. Luxenburger S. 52 Fn. 192.

[256] §§ 7 Abs. 2 und 14 Abs. 2 HNTV NW a. F. vom 9.5.1967 (GV. NW. S. 64) hatte zwar vorgesehen, daß die Behandlung von Wahlleistungspatienten "im Nebenamt" allgemein genehmigt wird; Weissauer/Hirsch S. 4 hielten diese Regelung indes zurecht für unklar und gingen von einer Nebenbeschäftigung aus; so lautet ausdrücklich die gegenwärtig gültige Fassung in § 7 Abs. 1 HNTV NW.

[257] Vgl. die - teilweise überholte - Übersicht bei Luxenburger S. 42 f.

[258] Für die Universitätskliniken des Landes Baden-Württemberg ergibt sich dies aus § 3 Abs. 8 UG BW.

[259] Dieterich S. 16 unter Hinweis auf § 3 HNTVO BW; Günther ZBR 1986, 97, 103; ferner ausführlich Rieger Rn. 1237; Luxenburger S. 46 ff.

[260] Vgl. Luxenburger S. 47 m. w. N.; Rieger Rn. 1237.

verwaltungsgericht widersprochen,[261] und es ist heute allgemein anerkannt, daß der Dienstherr - jedenfalls beim beamteten Chefarzt - kraft seiner Organisationsgewalt befugt ist, Teile seiner Tätigkeit aus dem Hauptamt auszugliedern und zu einer privaten Nebenbeschäftigung zu machen,[262] letztlich um die medizinisch besonders qualifizierte Leitung von Krankenhäusern zu gewährleisten.[263]

Das Bundesverfassungsgericht ist sogar einen Schritt weitergegangen, indem es diese schon lange Zeit praktizierte Übung - unter ausdrücklicher Billigung der Zielsetzung - zu den hergebrachten Grundsätzen des dieses Sondergebiet betreffenden Beamtenrechts zählte.[264] Dennoch kommt dem so gekennzeichneten Liquidationsrecht - verglichen mit dem lediglich vertraglich abgesicherten Liquidationsrecht des angestellten Chefarztes - ein geringerer Bestandsschutz zu, insbesondere gibt es keine umfangmäßige Absicherung.[265] Auch ist nicht das Modell der Wahlbehandlung in privater Nebentätigkeit institutionell abgesichert worden. Alle Gestaltungsmöglichkeiten, "ob danach zum Hauptamt des Chefarztes die ärztliche Betreuung und Verantwortung hinsichtlich aller Kranken seines Fachbereichs gehört oder ob dem Hauptamt nur ein Teil der ärztlichen Tätigkeit zugewiesen ist, während der andere Teil zum Inhalt eines Nebenamts gemacht oder gar als Nebentätigkeit klassifiziert worden ist, ... gehören zum Dienstrecht der beamteten Chefärzte"[266].

5. Die Abführung von Nutzungsentgelt

Der Einordnung als private Nebentätigkeit entsprechend hat der beamtete Chefarzt für die Inanspruchnahme von Einrichtungen, Personal und

---

[261] BVerwG NJW 1970, 1248, 1249, wenngleich mit der Einschränkung, daß diese Regelung rechtliche Bedenken hervorrufe, sich aber gerade noch in das geltende Beamtenrecht einordnen lasse; bestätigt in BVerwG NJW 1974, 1440, 1441 ff.

[262] So bereits BVerwG NJW 1970, 1248; ebenso Dieterich S. 17 m. w. N.; Günther a.a.O. (Fn. 259) spricht resignierend von der "normativen Kraft des Faktischen".

[263] BVerwG a.a.O. und Dieterich S. 110, 123; vgl. auch bereits oben S. 28.

[264] BVerfGE 52, 303, 334 f.; ausführlich hierzu Jansen MedR 1986, 49, 50; a. A. - insoweit überholt - Luxenburger S. 56 f.

[265] BVerfGE 52, 303, 344 ff.; vgl. Rieger Rn. 1166 m. w. N.

[266] BVerfGE a.a.O.

Material seines Dienstherrn, die ihm allgemein genehmigt ist,[267] ein Nutzungsentgelt abzuführen. Hiergegen angestrengte Klagen hatten bisher weder vor den Verwaltungsgerichten[268] noch im Normenkontrollverfahren[269] nachhaltigen Erfolg. Üblich ist hierbei die Pauschalierung nach einem bestimmten Prozentsatz der Bruttoliquidationseinnahmen.[270] Die in § 11 Abs. 3 BPflV geschaffene Erstattungspflicht[271] macht freilich eine Anpassung erforderlich. Das bisher einheitlich an den Prinzipien der Kostendeckung und des Vorteilsausgleichs[272] ausgerichtete Nutzungsentgelt kann daher künftig nur noch über den Vorteilsausgleich begründet werden, wie in § 11 Abs. 6 BPflV klarstellend ausgeführt ist.[273] In Baden-Württemberg ist im Wege der Anpassung das Nutzungsentgelt auf 15% der nach Abzug der Kostenerstattung verbleibenden Bruttoerlöse festgesetzt worden.[274]

---

[267] Beispielhaft § 9 Abs. 1 Nr. 1 HNTV BW und § 14 Abs. 3 HNTV NW.

[268] BVerwG NJW 1974, 1440; ZBR 1978, 397; DÖD 1979, 155 und zuletzt MedR 1987, 248; OVG Münster ZBR 1985, 228.

[269] VGH BW NJW 1976, 2314; Bay. VGH ZBR 1986, 296.

[270] Für die Rechtslage vor Novellierung der Bundespflegesatzverordnung waren in Baden-Württemberg gemäß §§ 11 Abs. 1 und 3, 17 Nr. 1 und 3 HNTVO 20 % der Erlöse bei Nebentätigkeiten in der unmittelbaren Krankenversorgung und 35 % bei Tätigkeiten in der mittelbaren Krankenversorgung abzuführen; vgl. im übrigen die Übersicht bei Luxenburger S. 337 f.

[271] Siehe oben S. 20.

[272] Zum Verhältnis dieser Prinzipien und der Zulässigkeit einer Kumulation Narr Rn. 1042; Rieger Rn. 1302 ff.; Weissauer/Hirsch S. 9 f.; Dieterich S. 102; Luxenburger S. 344 ff.; für ein die Ober- und Untergrenze festlegendes Zusammenspiel BVerwG MedR 1987, 248, 251.

[273] Der Bay. VGH vergleicht in seiner Entscheidung a.a.O. (Fn. 269) den Chefarzt mit einem Unternehmer, der seinen Betrieb auf Leasing-Basis führt und neben den Sachkosten auch die Leasing-Raten zu bezahlen habe.

[274] § 11 Abs. 1 HNTVO BW in der Fassung vom 18.5.1987 (GBl. S. 170).

§ 4 Vertragsbeziehungen zwischen Wahlleistungspatient, Krankenhaus und Chefarzt: die Entscheidung BGHZ 95, 63

I. Grundlagen

1. Der Vorrang freier Vertragsgestaltung

Wie soeben im Rahmen der Ausführungen zum Liquidationsrecht dargelegt worden ist, gibt es keinen pflegesatzrechtlichen oder anderweitig begründbaren Rechtssatz, wonach das Liquidationsrecht notwendig dem Chefarzt kraft eigener vertraglicher Beziehungen zum Patienten zusteht (notwendig originäres Liquidationsrecht) oder ihm allein über das Krankenhaus vermittelt werden kann (notwendig derivatives Liquidationsrecht).[275] Dieses Verhältnis von Liquidationsrecht und möglichen vertraglichen Bindungen ist zutreffend mit dem grundsätzlichen Vorrang der freien Vertragsgestaltung umschrieben worden.[276] Daran vermögen auch Vorschriften einzelner Krankenhausgesetze der Länder, wonach der Abschluß gespaltener Wahlbehandlungsverträge vorgesehen ist,[277] wegen der insoweit unzureichenden Gesetzgebungskompetenz nichts zu ändern.[278]

Dem Vorrang der freien Vertragsgestaltung entsprechend läßt sich keine allgemeine Aussage zum jeweils bei Krankenhausaufnahme zustandekom-

---

[275] Siehe oben S. 28 ff.

[276] Diederichsen S. 70, 79 ff.; Luxenburger S. 204 ff., 225; Rieger Rn. 1037; H. Franzki S. 35; mit Einschränkungen Schmid S. 80, 82 ff.; vgl auch BGH NJW 1981, 2002, 2003, wo auf die konkret getroffene Vereinbarung abgestellt wird, und zuvor bereits BGH KHA 1958, 281, 285 (Maßgeblichkeit des Einzelfalls).

[277] Angaben dazu bei Ulsamer S. 85.

[278] Ulsamer a.a.O.; abweichend Luxenburger S. 210 f., der annimmt, daß die Landesgesetzgeber die vertraglichen Gestaltungsmöglichkeiten nicht beschränken, sondern lediglich die Zulässigkeit des gespaltenen Arzt-Krankenhaus-Vertrags zum Ausdruck bringen wollten.

menden Wahlbehandlungsvertrag[279] treffen. Unergiebig sind daher Äußerungen der Fachliteratur, in denen ohne Bezugnahme auf die konkrete Vertragsgestaltung entweder von einem totalen[280] oder gespaltenen Arzt-Krankenhaus-Vertrag[281] ausgegangen wird. Ebenso ist der Teil des Rechtsprechungsmaterials überholt, in dem undifferenziert die eine oder andere Gestaltform der Wahlbehandlung bejaht wird. Dies trifft namentlich auf die ältere Rechtsprechung des BGH zu, die den gespaltenen Arzt-Krankenhaus-Vertrag bevorzugt.[282] Der hierfür maßgebliche Grund dürfte in der Übernahme der instanzgerichtlichen Einordnung zu suchen sein, die revisionsrechtlichen Angriffen offenbar nicht ausgesetzt war.[283]

2. Das Liquidationsrecht als mitbestimmender Faktor

Zu beachten ist jedoch ein die Motivation von Krankenhaus und Chefarzt beeinflussender Zusammenhang zwischen Liquidationsrecht und Wahlbehandlungsvertrag.[284] Wird das Liquidationsrecht vom Krankenhaus abgeleitet, wie im Regelfall des angestellten Chefarztes,[285] geht die Absicht des Krankenhauses dahin, selbst Partner des Wahlbehandlungsvertrags zu werden, also einen einheitlichen Wahlbehandlungsvertrag abzuschließen. Die direkte Ausübung des Liquidationsrechts, wie sie dem beamteten Chefarzt

---

[279] Dazu bereits ausführlich oben S. 21 ff.

[280] Siehe dazu die oben (in Fn. 190) angeführten Autoren.

[281] Bappert S. 34; Deutsch-Matthies S. 7; Dieterich S. 111; Forster/Paule S. 633; Geigel S. 938; Luig S. 229, 252 f.; Weissauer/Hirsch S. 19; Lüke/Walendy JZ 1977, 657, 658; Daniels NJW 1972, 305; Rieger NJW 1979, 582 (Fn. 4); Kern VersR 1981, 316, 317.

[282] Urteil v. 10.3.1954 (II ZR 263/53), teilweise wiedergegeben bei Kleinewefers/Wilts NJW 1963, 2345, 2347; BGH LM Nr. 24 zu § 278 BGB = VersR 1957, 806 = NJW 1958, 497; BGH NJW 1956, 1834; Geiß S. 26 f.; unzutreffend ist die Würdigung Wohlhages S. 98 ff., der ein Übergewicht zugunsten des totalen Krankenhausvertrags glaubt feststellen zu können.

[283] Im Fall BGH LM Nr. 24 zu § 278 BGB Bl. 106 R wurde der gespaltene Arzt-Krankenhaus-Vertrag sogar als juristische Tatsache bewertet; die Ausrichtung am Ausgangsurteil belegt auch der Fall BGHZ 5, 321 = VersR 1952, 166 = NJW 1952, 658 = LM Nr. 4 zu § 31 BGB, in welchem das Berufungsgericht einen totalen Krankenhausvertrag angenommen hatte und der BGH hilfsweise die Rechtslage nach dem gespaltenen Arzt-Krankenhaus-Vertrag beurteilte.

[284] Vgl. Molitor S. 42; daher regt H. Franzki S. 35 zurecht an, daß zur Klärung der Vertragsgestaltung auch der Anstellungsvertrag des liquidationsberechtigten Chefarztes vom Gericht beigezogen wird.

[285] Siehe oben S. 36 f.

überlassen ist, legt jedoch den Abschluß eines gespaltenen Wahlbehandlungsvertrags nahe.[286] Als Alternative bietet sich lediglich der kumulierte Wahlbehandlungsvertrag an.

Den Interessen des Krankenhauses käme dabei entgegen, wenn der Wahlarztpatient bei seiner Aufnahme erklären würde, den zum Vertragspartner der ärztlichen Behandlung zu nehmen, dem diese Funktion nach Maßgabe der Regelungen im Innenverhältnis zukommt.[287] Tatsächlich ist eine solche Auffassung auch schon vertreten worden.[288] Damit würde man aber die Interessenlage des Patienten unberücksichtigt lassen, dem es aus in seiner Person liegenden Gründen nicht gleichgültig sein kann, wer sein Vertragspartner wird. Jedoch ist es sinnvoll, die Frage nach dem jeweils zustandekommenden Wahlbehandlungsvertrag für beide Formen des Liquidationsrechts getrennt zu stellen.

3. Der Vertragsschluß

Der Wahlbehandlungsvertrag wird - vom Notfall abgesehen - bei der Aufnahme des Patienten geschlossen. Üblicherweise finden dabei Formulare und Allgemeine Vertragsbestimmungen (AVB) der Krankenhäuser Verwendung. Der Abschluß eines gespaltenen oder kumulierten Wahlbehandlungsvertrags hat deshalb zur Voraussetzung, daß das Krankenhaus ganz oder teilweise als Vertreter des Chefarztes auftritt. Der Beitrag des Patienten beschränkt sich auf die Entscheidung gegen die Regel- und für die Wahlbehandlung. Daher können nur die typischen Vorstellungen und Absichten des Wahlleistungspatienten bei der Frage berücksichtigt werden, was Inhalt seiner Willenserklärung ist.[289] Da bei dieser Sachlage das Angebot auch dann

---

[286] Schmid S. 86.

[287] Ähnlich der BGH zur Aufnahme des Kassen- und Privatpatienten in die Chefarztambulanz: Der Kassenpatient wird den "als seinen Vertragspartner ansehen ..., der nach Ansicht des ... Sozialversicherungsträgers der Vertragsschuldner ist" (NJW 1987, 2289, 2291); der Privatpatient will "das, was ihm in der Ambulanz an ärztlichen Leistungen angeboten wird, so entgegennehmen, wie die Zuständigkeiten im Krankenhaus geregelt sind" (BGH NJW 1989, 769, 770).

[288] Vgl. Wohlhage S. 71.

[289] Gegen eine individualpsychologische Betrachtung zugunsten einer typisierenden Auslegung bereits Nipperdey KHA 1949 (4), 4, 5 f.; Knur KHA 1951, 131, 135; Molitor S. 42 f.; ebenso Schmid S. 85.

vom Krankenhaus oder dem von ihm vertretenen Chefarzt ausgeht, wenn es als Antrag des Patienten formuliert ist,[290] kommt es darauf an, wie es vom Patienten nach Treu und Glauben mit Rücksicht auf die Verkehrssitte aufzufassen ist,[291] als Angebot auf Abschluß eines einheitlichen, gespaltenen oder kumulierten Wahlbehandlungsvertrags.

Die hierzu in der Literatur bisher gemachten Äußerungen stammen fast durchweg von Befürwortern oder Gegnern eines notwendig originären oder derivativen Liquidationsrechts des Chefarztes[292] und können daher nur eingeschränkt Verwendung finden.

II. Wahlbehandlung und mittelbares Liquidationsrecht

Diese beim angestellten Chefarzt vorherrschende Gestaltform bereitet keine Probleme. Unabhängig davon, ob das Liquidationsrecht über eine Zession, eine Vereinbarung zugunsten des Chefarztes oder eine bloße Beteiligungsvergütung begründet wird: Stets ist vorausgesetzt, daß der Wahlbehandlungsvertrag im Verhältnis zwischen Krankenhaus und Patient zustandekommt.[293] Tritt deshalb das Krankenhaus nicht als Stellvertreter des Chefarztes, sondern - seiner Absicht entsprechend - in eigenem Namen auf, wie dies etwa bei Verwendung der von der DKG empfohlenen Antragsformulare geschieht,[294] kommt - auch aus der Sicht des Patienten - zwangsläufig ein einheitlicher Wahlbehandlungsvertrag zustande. Obwohl nur wenige Autoren zu diesem Fall ausdrücklich Stellung nehmen,[295] kann das Ergebnis keinem Zweifel unterliegen. Es ist anzunehmen, daß die Mehrzahl der Autoren, die

---

[290] So das bei Gehrt/Jungerkes S. 98 wiedergegebene Aufnahmeformular und unten S. 123 f.

[291] Ständige Rechtsprechung, vgl. BGHZ 36, 30, 33; BGH NJW 1984, 721; Larenz S. 325 ff., 328; Palandt-Heinrichs § 133 BGB Anm. 4; Soergel-Hefermehl § 133 BGB Rn. 18; Münch-Komm-Mayer-Maly § 133 BGB Rn. 10; Diederichsen S. 39 ff. nähert sich dem gegenständlichen Fragenkreis über den Leistungsbegriff und die Bestimmung des Leistungsträgers nach der Vorstellung des Leistungsempfängers.

[292] Nipperdey und Knur a.a.O. (Fn. 289) als Befürworter des notwendig originären Liquidationsrechts und Molitor a.a.O. als Vertreter der entgegengesetzten Auffassung; dazu auch oben S. 29 ff.

[293] Siehe oben S. 45.

[294] Abgedruckt bei Gehrt/Jüngerkes S. 98.

[295] Baur/Hess S. 20; Luxenburger S. 112; Schmid S. 85 f.; Stiefel S. 43; eingeschränkt Molitor S. 42 f.

bei der Wahlbehandlung ohne nähere Begründung von einem totalen Krankenhausvertrag ausgehen,[296] diese dem mittelbaren Liquidationsrecht vorbehaltene Sachlage vor Augen haben.

III. Wahlbehandlung und direktes Liquidationsrecht

1. Die bisher üblich gewesene Einordnung: der gespaltene Wahlbehandlungsvertrag

Dieser Fall galt bisher, soweit auf ihn konkret eingegangen worden ist, neben der Behandlung durch den Belegarzt als typisches Beispiel des gespaltenen Arzt-Krankenhaus-Vertrages.[297] Die Oberlandesgerichte sind dieser Einordnung durchweg gefolgt,[298] meist ohne sie näher zu begründen.[299] Auch die Praxis, insbesondere die Verwaltungen der Universitätskrankenhäuser und die Haftpflichtversicherungsunternehmen, haben sich an diesem Modell ausgerichtet. So wurde üblicherweise ein Wahlleistungspatient, der einen Behandlungsfehler gegenüber dem Krankenhaus geltend machte, von der Verwaltung an den Chefarzt und dessen Haftpflichtversicherung verwiesen, die in die Regulierung gegenüber dem Patienten eintrat. Klagen richteten sich im Regelfall gegen die Chefärzte.

Der BGH, dessen ältere Rechtsprechung noch voll auf dieser Linie gelegen hatte,[300] rückte in den Entscheidungen nach Erlaß der Bundespflegesatzverordnung vorsichtig davon ab, indem er am Vertrag mit dem Chefarzt festhielt, aber im übrigen offen ließ, ob der bisherigen Einordnung noch zu folgen sei.[301] Das letzte Urteil in dieser Reihe ist die zur Geltung des Ver-

---

[296] Oben Fn. 190.

[297] Oben Fn. 8.

[298] OLG Hamburg VersR 1954, 125; OLG München NJW 1977, 2123 = VersR 1978, 578; OLG Köln VersR 1978, 1025; OLG Düsseldorf VersR 1984, 446; OLG Köln VersR 1985, 844.

[299] Auf die konkrete Vertragsgestaltung heben ab OLG Hamburg VersR 1954, 125, 126; OLG Köln VersR 1985, 844, 845.

[300] Siehe oben Fn. 282.

[301] BGH NJW 1975, 1463 ("Sollte ein gespaltener Arzt-Krankenhausvertrag vorgelegen haben, ..."); BGH NJW 1981, 2002, 2003 ("Dabei kann dahinstehen, ob weiterhin ein gespaltener Vertrag vorliegen kann, ...").

weisungsprivilegs ergangene Entscheidung BGHZ 85, 393[302], auf die noch in anderem Zusammenhang einzugehen sein wird.[303] Im Fall BGHZ 95, 63 stellte sich der BGH dieser Aufgabe und entschied sie zugunsten des kumulierten Wahlbehandlungsvertrags.

2. BGHZ 95, 63: Vorrang des kumulierten Wahlbehandlungsvertrags

Die Klage richtete sich gegen den beamteten Chefarzt der Anästhesieabteilung eines Universitätskrankenhauses sowie gegen einen beamteten Assistenzarzt, die für einen Narkosezwischenfall verantwortlich gemacht wurden. Die Forderung lautete auf Zahlung von Schmerzensgeld. Die Universität war lediglich als Streithelferin der Ärzte beteiligt.[304] Der Patient hatte ärztliche Wahlleistungen in Anspruch genommen.

Das Berufungsgericht war von einem gespaltenen Arzt-Krankenhaus-Vertrag ausgegangen. Auf dieser Grundlage hatte es - trotz der Geltung des Verweisungsprivilegs, über die im ersten Revisionsurteil entschieden worden war - die Haftung der Beklagten bejaht, indem es das festgestellte Verschulden des Assistenzarztes haftungsrechtlich allein dem Chefarzt zurechnete[305] und eine Mithaftung des Krankenhauses wegen personeller Unterversorgung der Anästhesieabteilung verneinte[306]. Der BGH kam zur Abweisung der Klage nicht nur wegen eines von ihm bejahten Organisationsverschuldens des Krankenhauses,[307] sondern auch, weil er das Krankenhaus als Partner des Wahlbehandlungsvertrags ansah[308]. Er gab somit dem Kumulierungsmodell den Vorzug vor dem bisher üblich gewesenen Trennungsmodell.

In der Begründung ging der BGH von einem pflegesatzrechtlichen Vorrang zugunsten einheitlicher Vertragsbeziehungen aus. Dazu wird auf den damals

---

[302] A.a.O. S. 397.

[303] Unten S. 82 ff.

[304] Insoweit auf der Linie der bisherigen Praxis, vgl. oben S. 48.

[305] Vgl. BGHZ 95, 63, 65.

[306] A.a.O. S. 66.

[307] A.a.O. S. 71 ff.

[308] A.a.O. S. 68 ff.

noch geltenden § 6 BPflV a. F. Bezug genommen.[309] Demtentsprechend sollen Erwartung und Vorstellung des Patienten dahin gehen, "sämtliche im Krankenhaus vorhandenen und angebotenen ärztliche Leistungen vom Krankenhausträger zu erhalten"[310]. Die Betreuung durch den Chefarzt wolle er sich lediglich "hinzukaufen", nicht aber zugleich den Krankenhausträger "aus der Haftung für ärztliche Fehlleistungen der Chefärzte" entlassen.[311] Erst auf diesem Hintergrund wird das Antragsformular[312] herangezogen, auf welchem jeder Hinweis darauf fehle, daß der Wahlbehandlungsvertrag allein im Namen der liquidationsberechtigten Ärzte abgeschlossen werden solle. Ergänzend wird darauf verwiesen, daß die Wahlleistung Arzt in einer Reihe mit anderen Wahlleistungen wie bessere Unterbringung oder Bereitstellung eines Telephons stehe und nur angekreuzt zu werden brauche.[313]

Diese in typisierender Auslegung der Vorstellung des Patienten gefundene Begründung[314] läßt die Möglichkeit einer abweichenden Vereinbarung offen. Jedoch muß das Krankenhaus durch eine hinreichend klare Fassung seines Antragsformulars kenntlich machen, daß die Wahlbehandlung allein im Namen der Chefärzte abgeschlossen wird.[315] Somit besteht zwischen kumuliertem und gespaltenem Wahlbehandlungsvertrag ein Regel-Ausnahme-Verhältnis in der Form eines geschlossenen Systems, das Unklarheiten zulasten des Krankenhauses gehen läßt.[316]

Dem vormaligen totalen Krankenhausvertrag mit Arztzusatzvertrag wird zugleich eine klare Gestalt gegeben, wonach allein die Wahlbehandlung In-

---

[309] BGHZ 95, 63, 68.

[310] A.a.O. S. 69.

[311] A.a.O.; der Gedanke wird auch in BGH NJW 1987, 2189, 2191 erneut betont.

[312] Es wird inhaltlich nicht wiedergegeben; tatsächlich beschränkte es sich auf die Wiederholung des Wortlauts der Bundespflegesaltzverordnung, dazu unten S. 118 f.

[313] A.a.O. S. 70; ebenso bereits Luxenburger S. 225.

[314] Zur Berechtigung dieses Ansatzes bereits oben S. 46.

[315] A.a.O. S. 69 f. ("ohne abweichende Klarstellung durch den Krankenhausträger ..."; "ohne besonderen Hinweis im Krankenhausaufnahmevertrag ..."; "fehlt es wie hier an einem solchen Hinweis ...").

[316] Vgl. Steffen S. 6; ähnlich, wenngleich ohne festes Rangverhältnis H. Franzki S. 35 und DRiZ 1977, 36, 37; ebenso schon das RG in JW 1936, 3482 für den Fall der Notfallaufnahme, von Kallfelz in seiner Anmerkung a.a.O. erweitert auf den Normalfall der Krankenhausaufnahme.

halt des totalen Krankenhausvertrages sein kann.[317] Dem Zusatzvertrag, der ehedem die persönliche Behandlung durch den Chefarzt sicherzustellen hatte,[318] verbleibt danach lediglich die Aufgabe, das Liquidationsrecht des beamteten Chefarztes konstruktiv abzusichern.[319] Darin erschöpft sich seine Bedeutung.

3. Kritische Würdigung

Zutreffend geht der BGH bei der Frage, welchen Inhalt der geschlossene Wahlbehandlungsvertrag hat, wesentlich von der Willensrichtung des Patienten aus. Jedoch werden Erwartung und Vorstellung des Patienten eher an rechtlichen als an tatsächlichen Vorgaben ausgerichtet.

Bereits der Einstieg, wonach in § 6 BPflV a. F. das Leitbild einheitlicher Leistungsbeziehungen Ausdruck gefunden haben soll, trifft nach dem hier vertretenen Grundsatz der freien Vertragsgestaltung[320] nicht zu, auch wenn dieses Bild faktisch und nach der Vorstellung des Gesetzgebers seine Berechtigung haben mag; denn damit kann nur das tatsächliche Übergewicht des derivativ verbürgten Liquidationsrechts[321] und der Wunsch nach seiner weiten Verbreitung gemeint sein.[322] Die nach geltendem Pflegesatzrecht zwingend vorgesehene Aufspaltung der Gegenleistung in einen Pflegesatzteil mit Wahlarztabschlag[323] und dem nach der GOÄ zu bemessenden Wahlarzthonorar geht mit der entsprechenden Teilbarkeit der vertraglichen Beziehungen konform, sodaß auch insoweit Kumulierungs- und Trennungsmodell gleichberechtigt erscheinen.[324] In keinem Fall aber wird der Wahlleistungspatient von einer solchen Leitbildfunktion Kenntnis haben. Ebensowenig wird der Patient eine Vorstellung von den Risiken haben, die ihm nach

---

[317] Oben S. 24 noch offengelassen.

[318] Siehe oben S. 23.

[319] So auch Luxenburger S. 94 f.; dies übersieht Schmid (oben Fn. 147).

[320] Siehe oben S. 44.

[321] In diesem Sinne Weissauer KHA 1975, 327, 329.

[322] Dazu bereits oben S. 31.

[323] Siehe oben S. 19.

[324] Weissauer a.a.O. (Fn. 321) spricht insoweit von gleichwertigen Gestaltungsmöglichkeiten; vgl auch Schmid S. 86.

Auffassung des BGH Anlaß geben, das Krankenhaus als Mitschuldner anzusehen.[325] Ähnlich verhält es sich mit dem Argument, der Patient wolle das Krankenhaus nicht aus seiner Haftung (für Chefarztverschulden) entlassen; denn es geht sachlich allein um die Frage, ob das Krankenhaus die Wahlbehandlung zusätzlich zum Chefarzt übernimmt. Daher macht es einen Unterschied, ob eine Primärverbindlichkeit - möglicherweise wegen der damit verbundenen Haftungsrisiken - nicht eingegangen wird oder ob man - daran denkt offenbar der BGH - nach Eingehung der Verbindlichkeit einen Haftungsausschluß anstrebt.

Versetzt man sich hingegen in die tatsächlichen Vorstellungen des Wahlleistungspatienten hinein, kommt man zu einer eher entgegengesetzten Einschätzung. So spricht - aus der Sicht des Patienten - gegen eine Mitverpflichtung des Krankenhauses, daß das Honorar allein dem Chefarzt zufließt; gerade in diesem Punkt lassen die Antragsformulare keine Zweifel zu. Dies ist für den Laien - bei einer natürlichen Bewertung von Leistung und Gegenleistung[326] - ebenso Beleg für vertragliche Beziehungen zum Chefarzt wie Hindernis für ein gleiches Verhältnis zum Krankenhaus; denn üblicherweise gibt es Zusatzleistungen nur gegen Zusatzhonorar. Geht man - wie der BGH - davon aus, daß der Wahlleistungspatient bereit ist, "für die ärztliche Behandlung durch die Chefärzte mehr zu zahlen, weil er auf eine besonders sachkundige und sorgfältige Behandlung durch sie hofft"[327], dann spricht dies eher dafür, nur den Chefarzt an sich zu binden als sich - so der BGH - "einen zusätzlichen Schuldner für bestimmte ärztliche Leistungen zu beschaffen"[328]. In entsprechender Weise ist bereits von den Vertretern eines notwendig originären Liquidationsrechts des Chefarztes ein natürlicher Bindungswille an dessen Person angenommen worden.[329] Die Entscheidung für die Wahlbehandlung - anstelle der Regelbehandlung - beruht dementsprechend weniger auf dem Ruf, den das Krankenhaus als solches ge-

---

[325] So aber der BGH a.a.O. S. 69: Der Patient könne im Einzelfall nur schwer unterscheiden, "wann es um ärztliche Leistungen des Chefarztes und wann um solche ihm nicht durch besonderen Vertrag verbundener Klinikärzte geht".

[326] Vgl. Knur KHA 1951, 131, 136.

[327] BGHZ 95, 63, 69.

[328] BGH a.a.O.

[329] Nipperdey KHA 1949 (4), 4, 7; Knur KHA 1951, 131, 135.

nießt;[330] es liegt vielmehr eine bewußte Entscheidung des Patienten für den Chefarzt als den Arzt seines Vertrauens vor.[331] Wegen dieses Bedürfnisses ist schon eine Pflicht des Krankenhauses angenommen worden, dem Patienten den Abschluß eines gespaltenen Arzt-Krankenhaus-Vertrages anzubieten.[332]

Somit könnte eine am "Leistungs- und Interessengefüge" ausgerichtete Auslegung,[333] sofern sie an die tatsächlichen Vorstellungen und Absichten des Wahlleistungspatienten anknüpft, durchaus zu einem Vorrang des gespaltenen Wahlbehandlungsvertrags kommen.[334]

4. Wertungshintergrund

a) Haftung bei gespaltener Vertragsgestaltung

Der BGH richtet seine Auslegung, wie aus seiner Argumentation ersichtlich wird, nicht an den primären Zweckvorstellungen des Patienten aus, sondern an den sekundären Folgen, die mit der gespaltenen Vertragsgestaltung verbunden sind und im Rahmen eines kumulierten Wahlbehandlungsvertrages vermieden werden.

Tatsächlich birgt die Haftungslage, wie sie sich nach dem Trennungsmodell darstellt, erhebliche Risiken für den Patienten. So liegt diesem Modell nur im Ansatz eine klare Haftungsstruktur zugrunde, wonach Krankenhaus und Chefarzt jeweils für ihren Leistungsbereich - unter Einschluß der hierzu herangezogenen Hilfspersonen - einzustehen haben.[335] Die deliktische Ein-

---

[330] Für die hier nicht zur Entscheidung stehende Wahl des Krankenhauses geht der BGH a.a.O. S. 69 von der Gleichrangigkeit des Rufs eines der Chefärzte und des Krankenhauses in ärztlicher und pflegerischer Hinsicht aus.

[331] So Luxenburger S. 256.

[332] Luxenburger a.a.O. und S. 224; Diederichsen S. 88 f.; Rieger Rn. 1039, welcher betont, daß die Haftungserwartung gegen den Chefarzt gerichtet ist.

[333] So Rieger a.a.O.

[334] So tendenziell Diederichsen S. 42, der bereits bei einem bloßen Ankreuzen der Wahlleistung Arzt auf dem Anmeldeformular von einer Bindung an den Arzt ausgehen will.

[335] Der Chefarzt ist insoweit nicht Verrichtungs- oder Erfüllungsgehilfe des Krankenhauses, so BGH NJW 1975, 1463, 1465; BGHZ 85, 393, 397; OLG Düsseldorf VersR 1984, 446, 448; OLG Köln VersR 1985, 844, 845; Soergel-Zeuner § 831 BGB Rn. 29; Steffen S. 16; Daniels

(Fortsetzung...)

standspflicht für Hilfspersonen besteht dabei unabhängig davon, ob nach § 823 BGB oder - wie bei beamteten Chefärzten aufgrund der Entscheidung BGHZ 85, 393 - nach § 839 BGB gehaftet wird.[336] In der konkreten Durchführung können jedoch erhebliche Probleme entstehen.

Zwar läßt sich in der Regel unschwer feststellen, auf welches Ereignis ein Gesundheitsschaden zurückzuführen ist.[337] Schwieriger ist es aber bereits, den Kreis der dafür möglicherweise verantwortlichen Personen einzugrenzen. Ist es nicht der Chefarzt selbst, dem ein Vorwurf zu machen ist, sondern eine ihm nachgeordnete Arzt- oder Pflegekraft, so stellt sich die Frage, wem dessen Handeln zuzurechnen ist, dem Verantwortungsbereich des Chefarztes oder des Krankenhauses. Hierzu sind schon die rechtlichen Vorgaben nicht eindeutig geklärt.[338] So steht lediglich fest, daß der in Abwesenheit des Chefarztes tätige Stations- und Bereitschaftsdienst[339] zum Verantwortungsbereich des Krankenhauses gehört.[340] Die typischerweise vom Chefarzt geschuldeten (spezifischen) Behandlungsmaßnahmen[341] sind stets ihm zuzurechnen, auch wenn sie von einem nachgeordneten Arzt in Vertretung des Chefarztes erbracht werden.[342] Rechtlich ungeklärt ist hingegen die Frage, wem ein Assistenzverschulden zuzuordnen ist.[343] Ebenso muß bezweifelt werden, ob ein Pflegekraftverschulden immer zum Verantwortungsbereich des Krankenhauses gehört, etwa dann, wenn es sich um eine delegierte

---

[335](...Fortsetzung)
NJW 1972, 305, 308; a. A. Laufs Rn. 413; Luig S. 253; Schmid S. 153 f.

[336] Unstr. für die Zeit vor BGHZ 85, 393, vgl. OLG Düsseldorf VersR 1984, 446, 448; ebenso - unter Zugrundelegung einer Haftung nach § 839 BGB - OLG Köln VersR 1985, 844, 845 und der BGH selbst in NJW 1986, 2883, 2884 gegen OLG Düsseldorf, Urteil vom 20.6.1985, Az 8 U 183/84 S. 8, wo die Auffassung vertreten wird, § 831 BGB sei im Rahmen der Beamtenhaftung nicht anwendbar; hiergegen auch Soergel-Glaser § 839 BGB Rn. 48; auch wenn man im Rahmen der Beamtenhaftung den Dienstherrn als Geschäftsherrn anzusehen hätte, käme eine Haftung des Chefarztes für das von ihm eingesetzte nachgeordnete Personal nach § 831 Abs. 2 BGB in Betracht, vgl. Soergel-Zeuner § 831 BGB Rn. 55 und BGH VersR 1960, 371, 372.

[337] Bereits hierzu zweifelnd Molitor S. 49.

[338] Giesen IURA 1981, 10, 11; Weyers S. 30.

[339] Grundversorgung, siehe oben S. 10.

[340] BGH NJW 1962, 1763.

[341] Siehe oben S. 9.

[342] OLG Düsseldorf VersR 1984, 446, 448; OLG Köln VersR 1985, 844; ausführlich unten S. 94.

[343] Vgl. Weyers S. 30; Rieger Rn. 775; ausführlich unten S. 95.

Maßnahme handelt, für die der Chefarzt liquidieren kann.[344] Darüber hinaus stellen sich tatsächliche Abgrenzungsprobleme: So ist fraglich, wo die Zuständigkeit des Stations- oder Bereitschaftsarzts endet und er - als Vertreter des Chefarztes - die spezifische Behandlungsmaßnahme übernimmt.[345]

Diese Schwierigkeiten sind schon zum Anlaß dafür genommen worden, die innere Berechtigung des gespaltenen Arzt-Krankenhaus-Vertrages insgesamt in Frage zu stellen.[346] Eine andere weit verbreitete Auffassung, die sich in der Rechtsprechung nicht durchgesetzt hat,[347] will die angeführten Probleme dadurch hinfällig machen, daß in den Grenzfällen eine gesamtschuldnerische Haftung von Chefarzt und Krankenhaus angenommen wird.[348]

Hinzukommt, daß bei einem Tätigwerden mehrerer liquidationsberechtigter Ärzte[349] - etwa des Operateurs und des Anästhesisten - auch deren Bereiche voneinander unterschieden werden müssen.[350] Das kann insgesamt zu ganz erheblichen Abgrenzungsproblemen führen, wie anhand eines Beispielfalls aus dem eigenen Erfahrungsbereich belegt werden kann:

> Es ging um die operative Beseitigung eines Herzklappenfehlers an einem Kleinkind. Die Operation hatte ein Herzchirurg durchgeführt. Die Behandlung selbst lag in der Hand eines Kinderkardiologen, der die Eingangsuntersuchung durchge-

---

344 Siehe oben S. 8 und 16.

345 Als Beispiel der Fall OLG München NJW 1977, 2123 = VersR 1977, 578 (unterlassene Schnittentbindung durch den Bereitschaftsarzt).

346 Erstmals Molitor S. 48 f.; Kleinewefers/Wilts NJW 1963, 2345, 2347; dies. VersR 1964, 201, 203; Kurzawa VersR 1977, 799, 800; Bunte JZ 1982, 279, 280; vgl. auch D. Franzki S. 29; relativierend Weyers S. 30 und Luxenburger S. 120.

347 Vgl. LG Aachen NJW 1976, 1155, 1166.

348 Deutsch, Arztrecht S. 19; Laufs Rn. 51 und 405; Giesen S. 5; Luig S. 255 f.; Roos S. 319; MünchKomm-Hanau § 278 BGB Rn. 22; Kleinewefers/Wilts VersR 1964, 201, 205; dies. NJW 1965, 332, 334; Musielak JuS 1977, 87, 88; Kern VersR 1981, 316, 317 f.; im Ergebnis ähnlich Uhlenbruck NJW 1964, 2187, 2190, indem er Fehlverhalten nachgeordneten Personals über § 278 BGB wechselseitig Chefarzt und Krankenhaus zuordnet; unlängst ebenso Steffen S. 7, 19.

349 Zum Bündelungsprinzip bereits oben Fn. 196; zur rechtlichen Einordnung Schmid S. 141 ff.

350 Westermann NJW 1974, 577, 581; zur Abgrenzung allgemein: Baur/Hess S. 58 ff.; Lippert NJW 1984, 2606, 2610; Narr Rn. 891; Schmid 146 ff.; zuletzt BGH MedR 1988, 89 zum Verhältnis der Fächer Gynäkologie und Anästhesie.

führt hatte und dem auch die weitere stationäre Betreuung des Kindes oblag. Dieser ordnete in Abstimmung mit dem operierenden Arzt die alsbaldige Verlegung des Kindes von der chirurgischen Intensivstation in die Kinderklinik an. Den Transport überwachte ein Assistenzarzt. Nach Aufnahme des Kindes durch den Stationsarzt der Kinderklinik trat im dortigen Krankenzimmer in Anwesenheit des Chefarztes ein Herzstillstand ein, den die zur Überwachung des Kindes bestimmte Krankenschwester möglicherweise zu spät bemerkte.

Als Ursache des schädigenden Ereignisses kamen - neben einem Versagen der Krankenschwester - eine u. U. zu lange Operationsdauer, eine u. U. zu frühe Verlegung in die Kinderklinik sowie eine vom Assistenz- und Stationsarzt übersehene Verschlechterung des Gesundheitszustandes des Kindes während des Transports und nach dessen Beendigung in Betracht.[351]

Ferner ist in Rechnung zu stellen, daß dem beamteten Chefarzt - wie im Ausgangsfall - auch im wahlärztlichen Behandlungsbereich das Haftungsprivileg des § 839 Abs. 1 Satz 2 BGB zu Gute kommt.[352] Damit würde die rechtliche Situation des Wahlleistungspatienten noch weiter erschwert; denn er müßte auch dann, wenn er sich auf ein nachweisbares Verschulden des Chefarztes beschränkt und allein diesen gerichtlich belangt, damit rechnen, daß die nur deliktisch gem. § 847 BGB begründete Schmerzensgeldklage abgewiesen wird, weil daneben - wie im Ausgangsfall - noch ein vom Krankenhaus zu verantwortendes Organisationsverschulden[353] vorgelegen hat. Ihm bliebe für eine bevorstehende gerichtliche Klärung nur die Wahl zwischen mehreren Übeln:

- Klagte er gegen Arzt und Krankenhaus, müßte er mit der Abweisung einer der Klagen rechnen, wenn er nicht sowohl ein ärztliches als auch ein vom Krankenhaus zu verantwortendes Verschulden zu beweisen vermag.

---

[351] Ähnlich komplex liegen die Sachverhalte OLG Düsseldorf VersR 1984, 446; BGH NJW 1984, 1400 = VersR 1984, 357.

[352] Siehe oben S. 3.

[353] Siehe oben S. 49.

- Klagte er nur gegen den Arzt, liefe er Gefahr, wegen eines dennoch mitwirkenden Verschuldens des Krankenhauses hinsichtlich des Schmerzensgeldanspruchs abgewiesen zu werden.

- Würde das Schmerzensgeld nur beim Krankenhaus eingeklagt, liefe er Gefahr, mit der Begründung, daß nur ein ärztliches Verschulden vorgelegen habe, insoweit abgewiesen zu werden.

- Würden dagegen Arzt und Krankenhaus wegen des Schmerzensgeldes in Anspruch genommen, wäre die Abweisung einer der Klagen sicher.

So wird verständlich, daß es für den Wahlleistungspatient vorteilhaft ist, wenn er nicht nur mit dem Chefarzt, sondern auch mit dem Krankenhaus einen Wahlbehandlungsvertrag abschließt.[354]

b) Die Haftungslage nach dem Kumulierungsmodell

Schuldet dagegen das Krankenhaus neben dem Chefarzt die Wahlbehandlung, so betreffen die angeführten Probleme allein die Haftung des Chefarztes. Das Krankenhaus hat aber als Schuldner aller am Krankenhaus angebotenen Leistungen einschließlich der wahlärztlichen Behandlung immer schon dann einzustehen, wenn eine kausale Pflichtverletzung - gleichviel aus welchem Leistungsbereich sie stammt - festgestellt wird. Dabei ist der Chefarzt vertraglich Erfüllungsgehilfe (§ 278 BGB)[355] und deliktisch Organ des Krankenhauses (§§ 31, 89 BGB)[356].

---

[354] Dementsprechend wird in der Anmerkung zum Urteil des BGH in KH 1985, 480 darauf hingewiesen, daß "bei der Wahlleistung ärztliche Behandlung u. a. auch zum Schutz des Patienten der Krankenhausträger Schuldner bleibt"; in ähnlicher Weise hatte bereits Molitor S. 49 zugunsten des totalen Krankenhausvertrags argumentiert. Schmid kommt S. 154 f. für den gespaltenen Wahlbehandlungsvertrag zum gleichen Ergebnis, indem abweichend von der h. M. (oben Fn. 335) ein Verschulden des Chefarztes dem Krankenhaus zugerechnet wird.

[355] Vgl. Luxenburger S. 78 m. w. N.; Steffen S. 16, 19; Geiß S. 29, 31; die Frage, ob die Organhaftung eine Zurechnung gemäß § 278 BGB verdrängt (vgl. Soergel/Schulze-v. Lasaulx § 31 BGB Rn. 6) kann im vorliegenden Zusammenhang außer Betracht bleiben; der BGH erwähnt in BGHZ 95, 63, 66 sowohl § 278 BGB als auch §§ 31, 89 BGB als Zurechnungsnormen.

[356] Nach BGH NJW 1980, 1901, 1902 ist auch der Chefarzt einer organisatorisch nicht selbständigen Klinik Organ; zuletzt BGH VersR 1984, 460, 462; vgl. im übrigen Laufs Rn. 412 f.; Schmid S. 113 ff.; D. Franzki S. 30; H. Franzki S. 36 f.; Luig S. 254; Weyers S. 28; Daniels NJW 1972, 305, 307 f.; Musielak JuS 1977, 87, 90.

Folglich kann der Wahlleistungspatient das Krankenhaus belangen, ohne bezüglich der Haftungsgrundlagen und des Haftungsumfangs irgendwelchen Beschränkungen unterworfen zu sein. Bezieht er den beamteten Chefarzt in eine Klage mit ein, muß er freilich ein den wahlärztlichen Behandlungsbereich betreffendes Verschulden nachweisen und ferner beachten, daß dieser ein Schmerzensgeld nicht schuldet.

5. Ergebnis und Ausblick

Es ist anzunehmen, daß diese besondere Interessenlage den Ausschlag zugunsten des Kumulierungsmodells gegeben hat. Ein wirklich tragender Grund hat sich freilich nicht erweisen lassen. Unergiebig ist der Bezug auf die Bundespflegesatzverordnung. Auch die Versuche, den auf die Person des Chefarztes ausgerichteten Bindungswillen abzuschwächen, überzeugen nicht. In Wahrheit kommt es darauf auch gar nicht an. Den maßgeblichen Ansatz liefert die gewandelte Wirklichkeit des Krankenhausbetriebes, zumal der Großklinik, um die es in den meisten Fällen geht: In ihr erlebt der Patient den Chefarzt nicht als eigene Instanz, losgelöst von sonstigen Abläufen, sondern als - an leitender Stelle - integrierten Teil des Krankenhauses.[357] Diesen Gesichtspunkt streift der BGH, indem er als Beweggrund des Patienten für die Festlegung auf ein bestimmtes Krankenhaus dessen "Ruf in ärztlicher und pflegerischer Hinsicht insgesamt" hervorhebt.[358]

Nur aus diesem Blickwinkel läßt sich ableiten, daß der Wahlleistungspatient im Zweifel eine doppelte Bindung anstrebt, an die Person des Chefarztes und das von ihm repräsentierte Krankenhaus.

Freilich sind mit dieser Entscheidung Folgen im Verhältnis zwischen Kran-

---

[357] Siehe dazu oben S. 7 ff.; vgl. auch Steffen in seiner Anmerkung zu BGH LM Nr. 44 zu § 839 (A) BGB.

[358] BGHZ 95, 63, 69; dazu bereits oben Fn. 330.

kenhaus und Chefarzt verbunden, die an ihrer Berechtigung Zweifel rechtfertigen. Es stellt sich nämlich die Frage, ob die Einheit von Liquidationsrecht und Haftungsrisiko[359] noch fortbesteht.

---

[359] Vgl. oben S. 2 f.

§ 5 Einheit von Liquidationsbefugnis und Haftungsrisiko

I. Mittelbares Liquidationsrecht und Haftung nach dem Einheitsmodell

Bei derivativer Gewährleistung des Liquidationsrechts sind die Vertragsbeziehungen - idealiter und realiter - nach dem Einheitsmodell ausgestaltet.[360] Bezogen auf das Haftungsrisiko hat es dabei den Anschein, als sei der Chefarzt in besonderem Maße begünstigt; denn mit der Übernahme der Wahlbehandlung durch das Krankenhaus geht auch das Haftungsrisiko auf dieses über. Dabei muß es sich das Fehlverhalten des Chefarztes unabhängig davon zurechnen lassen, ob der wahlärztliche oder der sonstige Leistungsbereich[361] betroffen ist; denn er ist in jedem Fall Erfüllungsgehilfe oder Organ des Krankenhauses.[362] Demgegenüber steht dem Chefarzt das volle Behandlungshonorar zu, sofern es zu seinen Gunsten vereinbart oder an ihn zediert worden ist.[363]

In der Praxis ist jedoch Vorsorge gegen das solchermaßen drohende Ungleichgewicht getroffen. Die Krankenhäuser, die das Liquidationsrecht im Rahmen des Einheitsmodells übertragen, kommunale Krankenhäuser und Kliniken,[364] sind durchweg gegen Haftpflichtfälle versichert oder gehören einem Schadensausgleich an.[365] Das Ausgleichsproblem läßt sich dann auf die Weise lösen, daß die auf den Wahlarztbereich entfallende Prämie[366] vom

---

[360] Siehe oben S. 47.

[361] Siehe oben S. 25.

[362] Siehe oben S. 58.

[363] Siehe oben S. 33 f.

[364] Siehe oben S. 36.

[365] Narr Rn. 910; Rieger Rn. 1024; Loos Krankenhaus-Umschau 1986, 594, 597.

[366] Sie ist gesondert auszuweisen, da sie nicht - wie die auf die Regelbehandlung entfallende Haftpflichtprämie - in die Pflegesatzkosten eingehen darf.

Chefarzt getragen wird. Tatsächlich ist dies in Chefarztverträgen so vorgesehen.[367] Denkbar ist auch, auf eine Erstattung zu verzichten[368] und das Haftungsrisiko im Rahmen einer Beteiligungsvergütung[369] - durch eine Senkung - oder im Rahmen der Kostenerstattung[370] - durch eine Anhebung - zu berücksichtigen. In jedem Fall haben es Krankenhaus und Chefarzt in der Hand, für ein angemessenes Gleichgewicht von Liquidationsberechtigung und Haftungsrisiko zu sorgen.

II. Direktes Liquidationsrecht und Haftung nach dem Trennungsmodell

Wird das Liquidationsrecht direkt kraft eigener vertraglicher Beziehungen zum Patienten übertragen - wie im Fall des beamteten Chefarztes[371] - und bleibt der Behandlungsvertrag nur auf dieses Verhältnis beschränkt (Trennungsmodell), braucht man um die Einheit von Liquidationsbefugnis und Haftungsrisiko nicht besorgt zu sein: Sie ist wesentliches Element der gespaltenen Vertragsgestaltung[372] und kommt in dem hierzu geprägten Grundsatz "liquidiere und hafte"[373] sinnfällig zum Ausdruck.

Es ist dann Aufgabe des Chefarztes, das bei ihm liegende Haftungsrisiko, das auch seine Helfer umfaßt,[374] durch eine Versicherung abzudecken.[375] Die Versicherungswirtschaft hat sich darauf eingestellt und bietet u. a. für

---

[367] Loos a.a.O. (Fn. 365); im Ergebnis ebenso Deutsch, Arztrecht S. 20 f., der den Chefarzt für verpflichtet hält, das Krankenhaus durch den Abschluß einer Haftpflichtversicherung von der Haftung für wahlärztliches Verschulden freizustellen.

[368] So das bei Hoffmann-Becking/Schippel/Schaub S. 287 ff. vorgestellte Vertragsformular, das wegen der im Dienst ausgeübten Tätigkeit - also unter Einschluß der zur Liquidation berechtigenden Wahlbehandlung - eine Haftpflichtversicherung durch das Krankenhaus und lediglich für die als Nebentätigkeit ausgestaltete ambulante Behandlung von Privatpatienten eine selbständige Versicherung (S. 288) oder eine Prämienerstattungspflicht (S. 300) vorsieht.

[369] Siehe oben S. 34.

[370] Siehe oben S. 36 f.

[371] Siehe oben S. 39 ff.

[372] Dazu oben S. 53.

[373] Siehe oben S. 2.

[374] Siehe oben S. 54.

[375] Vgl. für den Fall des direkten Liquidationsrechts des angestellten Chefarztes Simon-Weidner Arztrecht 1980, 115, 129; im übrigen ist der Arzt hierzu standesrechtlich verpflichtet, vgl. Narr Rn. 852.

Ärzte an Krankenanstalten eine "Versicherung der freiberuflichen Tätigkeit" an, die sich auf die gesetzliche Haftpflicht des Chefarztes auch "aus der Beschäftigung eines vorübergehend bestellten Vertreters" und "aus der Beschäftigung von ständigen Vertretern, Assistenzärzten und Hilfspersonen, einschließlich der gesetzlichen Haftpflicht dieser Personen für Schäden, die sie in Ausführung ihrer dienstlichen Verrichtungen für den Versicherungsnehmer verursachen", erstreckt.[376]

Die so verbürgte Einheit von Liquidationsbefugnis und Haftungsrisiko ist Bestandteil einer gerechten Ordnung im Verhältnis zwischen Chefarzt und Krankenhaus. Es stellt daher zumindest eine gedankliche Verkürzung dar, wenn das Bestreben zum Abschluß eines gespaltenen Wahlbehandlungsvertrages[377] in die Nähe einer Haftungsbeschränkung gerückt wird.[378]

III. Direktes Liquidationsrecht und Haftung nach dem Kumulierungsmodell (BGHZ 95, 63)

1. Die Ausgangslage

Nach dem Kumulierungsmodell, wie es der BGH bevorzugt,[379] hat das Krankenhaus in gleicher Weise für ein Verschulden im Wahlarztbereich einzustehen, wie dies im Rahmen des Einheitsmodells der Fall ist.[380] Das drohende Ungleichgewicht von Liquidationsbefugnis und Haftungsrisiko kann aber nicht wie dort[381] über eine Krankenhaus-Haftpflichtversicherung und entsprechende Abreden über die Prämientragungspflicht abgewendet werden. So betreffen die hier interessierenden Fälle die Universitätskrankenhäuser,[382] deren Verwaltung denselben Grundsätzen unterliegt, wie sie

---

[376] Besondere Bedingungen und Risikobeschreibungen für die Haftpflichtversicherung von Ärzten, Zahnärzten, Medizinstudenten und Krankenanstalten; zu den Besonderen Bedingungen im übrigen Rieger Rn. 379.

[377] Dazu bereits oben S. 46.

[378] So aber der BGH; dazu bereits oben S. 52.

[379] Oben S. 49 ff.

[380] Oben S. 60.

[381] Oben S. 60 f.

[382] Nur dort sind beamtete Chefärzte tätig, siehe oben S. 2.

für die jeweiligen Landesverwaltungen gelten; dazu gehört der sogenannte Selbstversicherungsgrundsatz, der besagt, daß das Haftungsrisiko nicht versichert, sondern von der öffentlichen Hand getragen wird.[383] Lediglich Berlin und das Saarland haben - hiervon abweichend - Haftpflichtversicherungen für ihre Universitätskrankenhäuser abgeschlossen.[384] In den anderen Ländern kann eine Risikoverschiebung nur über das Regreßrecht aufgefangen werden. Die hierzu gegebenen Möglichkeiten gilt es nun zu untersuchen.

2. Der Gesamtschuldregreß als Regulativ

a) Die gesamtschuldnerische Haftung von Krankenhaus und Chefarzt

Auszugehen ist von dem Fall, daß der Patient durch ein dem wahlärztlichen Leistungsbereich zugehörendes Verschulden des Chefarztes oder eines von ihm hinzugezogenen Gehilfen geschädigt wird. Soweit dem Patienten daraus Ansprüche gegenden Chefarzt aufgrund Vertrags - deliktische Ansprüche sind wegen des nach Auffassung des BGH anwendbaren Verweisungsprivilegs ausgeschlossen[385] - und gegen das Krankenhaus aufgrund Vertrags und Delikts zustehen, haften beide als Gesamtschuldner.[386] Dabei kommt es nicht darauf an, ob man hierfür einen Zusammenhang im Sinne einer Zweckgemeinschaft verlangt[387] oder eine Analogie zu § 840 Abs. 1 BGB zieht.[388]

Dementsprechend richtet sich der Regreß nach § 426 BGB, dessen jeweils einen gleichen Anteil vorsehender Ausgleichsmaßstab nur subsidiär gilt.[389]

---

[383] In Baden-Württemberg § 34 Landeshaushaltsordnung; vgl. auch Rieger Rn. 379 und 1024 und Narr Rn. 910.

[384] Rieger a.a.O.

[385] So BGHZ 85, 393; siehe oben S. 3.

[386] Dazu oben Fn. 134.

[387] So bereits das Reichsgericht in RGZ 77, 317, 323 und der BGH seit BGHZ 13, 360, 365 in ständiger Rechtsprechung; zum vorliegenden Konkurrenzfall vgl. RGZ 82, 436.

[388] So Lange S. 419; ähnlich BGHZ 59, 97, 101.

[389] Soergel-Wolf § 426 BGB Rn. 17.

b) Regreß bei Eigenverschulden des Chefarztes

Keine Probleme bereitet der Fall, daß den Chefarzt persönlich ein Verschuldensvorwurf trifft, sei es, daß er selbst unzureichend aufgeklärt oder behandelt hat[390] oder sei es, daß er Dritte insoweit falsch ausgewählt, angewiesen oder angeleitet hat.[391] Auch die Delegation einer hierfür nicht geeigneten Aufgabe oder an einen hierfür nicht geeigneten Mitarbeiter gehört hierzu;[392] ein mögliches Eigenverschulden des Mitarbeiters soll im vorliegenden Zusammenhang außer Betracht bleiben.

In diesem Fall kann auf den zu § 426 BGB entwickelten Grundsatz zurückgegriffen werden, wonach derjenige, der nach außen für fremdes Verschulden einzustehen hat, hier das Krankenhaus, den anderen, dem das zurechenbare Verschulden vorzuwerfen ist, hier den Chefarzt, voll in Rückgriff nehmen kann.[393] Bezüglich der deliktischen Haftung ist dieser Grundsatz in § 840 Abs. 2 BGB enthalten; entsprechend ist das Verhältnis von Geschäftsherr und Erfüllungsgehilfe zu behandeln.[394]

Diese Haftung wird durch das zwischen Chefarzt und seiner Anstellungskörperschaft bestehende Dienstverhältnis nicht berührt. Zwar gelten auch in diesem Verhältnis, namentlich für den beamteten Arzt,[395] die für den Arbeitnehmer entwickelten Grundsätze der Haftungsbeschränkung bei schadensgeneigter Tätigkeit, wonach eine Einstandspflicht nur bei Vorsatz und grober Fahrlässigkeit besteht.[396] Auch wird eine ärztliche Verrichtung häufig - wenngleich nicht immer - den Anforderungen an eine schadensgeneig-

---

[390] Vgl. Narr Rn. 854; Baur/Hess S. 35 f.

[391] Zur vergleichbaren Problematik im Rahmen der Haftung nach § 831 BGB Soergel-Zeuner § 831 BGB Rn. 46.

[392] Vgl. Baur/Hess S. 46; Deutsch, Arztrecht S. 79 ff.; zur Abgrenzung der Aufgaben im Verhältnis zwischen Arzt und Pflegekraft Heinze/Jung MedR 1985, 62, 66 ff.

[393] Lange S. 423 f.; MünchKomm-Selb § 426 BGB Rn. 7.

[394] BGHZ 6, 27.

[395] Vgl. Burck VersR 1968, 613, 618; Heinze MedR 1983, 6, 9; Riedmaier BB 1979, 1513, 1514 f.; Rieger Rn. 783; MünchKomm-Papier § 839 BGB Rn. 243.

[396] BAG NJW 1983, 1693; davon abrückend zugunsten einer geteilten Haftung von Arbeitgeber und Arbeitnehmer der jetzt zuständige 8. Senat in BAG JZ 1988, 1067 = Arztrecht 1988, 7 (gestufte Einstandspflicht je nach Verschuldensgrad).

te Tätigkeit genügen,[397] deren Eigenart darin besteht, daß Fehler unterlaufen, "die - für sich betrachtet - zwar jedesmal vermeidbar waren, also fahrlässig herbeigeführt sind, mit denen aber angesichts der menschlichen Unzulänglichkeit als einem typischen Abirren der Dienstleistung zu rechnen ist".[398] Diese Grundsätze sind auf den liquidationsbrechtigten Chefarzt aber deshalb nicht anwendbar, weil dieser im Rahmen der von ihm erbrachten Behandlungsleistung selbständig und auf eigene Rechnung tätig wird. Er hat insoweit eine dem Unternehmer angenäherte Stellung, die keine Bezüge zur Situation des Arbeitnehmers aufweist.[399] Daß der Chefarzt *auch* Erfüllungsgehilfe des Krankenhauses ist,[400] hat nur im Außenverhältnis Bedeutung; im vorliegenden - lediglich die Innenrechtsbeziehung betreffenden - Zusammenhang gibt die allein dem Chefarzt zustehende Liquidationsberechtigung den Ausschlag.

Auch versicherungsrechtlich behält die Tätigkeit des Chefarztes ungeachtet ihrer Zuordnung zur Beamtenhaftung nach § 839 BGB[401] freiberuflichen Charakter, sodaß eine hierzu vorhandene Haftpflichtversicherung[402] im Regreßfall einzutreten hat.

c) Regreß bei zurechenbarem Fremdverschulden

Schwieriger einzuordnen sind die Fälle, in denen kein Eigenverschulden vorliegt, sondern allein dem Vertreter oder einem hinzugezogenen Mitarbeiter ein Vorwurf zu machen ist. Dabei muß der wahlärztliche Leistungsbereich betroffen sein: denn nur insoweit ist das Fremdverschulden auch dem Chefarzt zurechenbar. Der Handelnde ist somit Erfüllungsgehilfe des Chefarztes *und* des Krankenhauses.

---

[397] Hierzu Rieger Rn. 778; Knaths VersR 1984, 720 f.; BAG AP Nr. 47 zu § 611 BGB; LAG Berlin VersR 1984, 937.

[398] BAG 5, 1; ständige Rechtsprechung auch des BGH seit BGHZ 16, 11.

[399] Burck, VersR 1968, 613, 621; Heinze MedR 1983, 6, 7; Rieger Rn. 779; zur selbständigen Tätigkeit aufgrund Dienstvertrags gilt nach BGH NJW 1963, 1100 dasselbe; vgl. auch Riedmaier BB 1979, 1513, 1514.

[400] Siehe oben S. 57.

[401] Siehe oben S. 3.

[402] Vgl. die Besonderen Bedingungen oben S. 62.

Dieser Umstand könnte Anlaß sein, nunmehr eine geteilte Verantwortung von Krankenhaus und Chefarzt anzunehmen. Auch hier ist jedoch entgegenzuhalten, daß das Außenverhältnis zwischen Patient und Krankenhaus die Gewichte im Innenverhältnis allenfalls dann verschieben könnte, wenn der geteilten Verantwortlichkeit eine ebensolche Teilhabe entsprechen würde. Das aber trifft nicht zu. Auch die Pflicht zur Abführung eines Nutzungsentgelts, das u. a. gerade für die Inanspruchnahme von Personal entrichtet wird,[403] ändert hieran nichts. Diese Pflicht besteht unabhängig von einer Übernahme der Wahlbehandlung durch das Krankenhaus; maßgeblich ist allein, daß der wirtschaftliche Vorteil beim liquidationsberechtigten Arzt liegt. Die Übernahme auch nur eines Teils der Haftung wird dabei weder vorausgesetzt noch ist sie Berechnungsgröße für den Umfang der kraft entsprechender Verordnungen bestehenden Abführungspflicht.[404] Die Auffassung, daß ab einer bestimmten Höhe des Nutzungsentgelts das Haftungsrisiko mitenthalten sei,[405] kann daher nur im Rahmen einer vereinbarten Chefarztabgabe Bedeutung haben; denn dort unterliegt die Übernahme des Haftungsrisikos, wie bereits in anderem Zusammenhang erwähnt,[406] der Disposition der Partner des Chefarztvertrages.

Wollte man anders entscheiden oder gar den Chefarzt im Fall des Fremdverschuldens ganz aus der Haftung entlassen, würde man einen starken Anreiz dafür schaffen, daß sich der Chefarzt aus der unmittelbaren Patientenversorgung zurückzieht; er könnte dann - bei entsprechender Vereinbarung[407] - weiter liquidieren, ohne eine Regreßhaftung befürchten zu müssen, ein gewiß untragbares Ergebnis. Auch würden Fächer in unbilliger Weise bevorzugt, in denen die Stellvertretung naturgemäß einen breiten Raum einnimmt, wie etwa im Bereich der Anästhesie.

Somit setzt sich auch bei der vorliegenden Sachverhaltsgestaltung die alleinige Liquidationsberechtigung des Chefarztes durch. Im Innenverhältnis ist folglich nur ihm das den wahlärztlichen Leistungsbereich betreffende

---

[403] Siehe oben S. 42 f.

[404] Siehe oben bei Fn. 270.

[405] So offenbar Deutsch, Arztrecht S. 21.

[406] Siehe oben S. 61.

[407] Zu den - verschärften - Voraussetzungen oben Fn. 96.

Fremdverschulden zuzurechnen. Der vollen Berechtigung auf der Einnahmeseite entspricht eine ebenso volle Verpflichtung auf der Haftungsseite. Dies ist letztlich eine Rechtsfolge, die sich aus der Natur der Rechtsbeziehungen zwischen Krankenhaus und Chefarzt ergibt.[408]

d) Regreß bei Mitverantwortung des Krankenhauses

Der Gesamtschuldregreß gegen den Chefarzt ist lediglich dann beschränkt, wenn zu dem wahlärztlichen Verschulden ein mitwirkendes Verschulden aus dem Verantwortungsbereich des Krankenhauses hinzutritt.[409] Dieses kann auf unzureichender Organisation,[410] etwa einer Personalmangelsituation wie im Ausgangsfall BGHZ 95, 63[411], auf unzureichender Überwachung und Betreuung im Rahmen der Behandlungspflege,[412] oder auf unzureichender Versorgung mit Krankenhaustechnik oder Personal[413] beruhen. Dabei ist zu beachten, daß der Chefarzt sowohl im Bereich der wahlärztlichen als auch der sonstigen stationären Leistungen des Krankenhauses, etwa bei der Organisation der Arzt- und Pflegedienste, auftritt. Er kann somit auf beiden Seiten haftungsbegründend tätig werden.[414] Die Abwägung der Haftungsanteile geschieht hierbei in entsprechender Anwendung des § 254 BGB nach der Schwere der Verursachung und dem Maß des Verschuldens.[415] Soweit

---

[408] Nach ständiger Rechtsprechung kann sich die alleinige Verantwortung eines Gesamtschuldners im Regreß aus der Natur der Sache oder dem Inhalt und Zweck des in Frage stehenden Rechtsverhältnisses, das hier durch die Liquidationsberechtigung des Chefarztes geprägt ist, ergeben, vgl. RGRK-Weber § 426 BGB m. w. N.; unlängst BGH NJW 1986, 1491, 1492 und 1986, 3131, 3133.

[409] Sonstige stationäre Leistungen, vgl. oben S. 20 und 25.

[410] Dazu Narr Rn. 855; Baur/Hess S. 55 ff.; Lippert NJW 1984, 2606, 2609 f.

[411] Dazu bereits oben S. 49.

[412] Dazu oben S. 11; Fälle BGH NJW 1984, 1400 = VersR 1984, 356 (Verwendung eines Infusionssystems bei einem Kleinkind, das ständige Überwachung erfordert hätte); BGH VersR 1956, 221.

[413] So auch im Ausgangsurteil BGHZ 95, 63, 65 f.; vom Berufungsgericht erwogen.

[414] Zur gleichen Problematik im Rahmen der Haftung nach außen BGH NJW 1975, 1463, 1465; OLG München NJW 1977, 2123; OLG Köln VersR 1978, 1025, 1026; Kern VersR 1981, 316, 317 spricht - wie im Text - plastisch davon, daß der Chefarzt auf beiden Seiten zu finden ist; vgl. auch Daniels NJW 1972, 305, 308; Uhlenbruck NJW 1964, 2189 Fn. 29; Bappert S. 94 f.

[415] Ständige Rechtsprechung seit RGZ 75, 251, 256; vgl. BGHZ 51, 275, 279; MünchKomm-Selb § 426 BGB Rn. 7; Lange S. 425; für den gegenständlichen Bereich Baur/Hess S. 47.

der Chefarzt auch auf der Seite des Krankenhauses haftungsbegründend tätig war, besteht eine Haftungseinheit mit dem Krankenhaus,[416] die einen eigenständigen Regreßanspruch auslösen kann. In diesem besonderen Ausgleichsverhältnisnimmt der Chefarzt jedoch keine Sonderstellung ein, weshalb ihm hier eine Haftungsbeschränkung nach den Grundsätzen schadensgeneigter Tätigkeit[417] zukommen kann.[418]

e) Ergebnis

Zusammenfassend läßt sich feststellen, daß im Rahmen des Gesamtschuldregresses der Chefarzt die Verantwortung für den wahlärztlichen Leistungsbereich trägt; auch Fremdverschulden wird insoweit allein ihm zugerechnet. Die zur Haftung nach dem Trennungsmodell bereits dargestellten Abgrenzungsprobleme[419] behalten so ihre Bedeutung auch für das Kumulierungsmodell. Freilich ist damit nicht mehr der Patient, sondern das Krankenhaus belastet.

3. Die mögliche Regreßlücke im Bereich der Schmerzensgeldhaftung (BGHZ 85, 393)

Bei den bisherigen Überlegungen blieb außer Betracht, daß der beamtete Chefarzt, obwohl er einer Nebentätigkeit nachgeht, im Rahmen der Wahlbehandlung deliktisch nach § 839 BGB haftet, da er auch insoweit aus seiner Stellung als Beamter heraus tätig wird.[420] Auf dem Hintergrund des Kumulierungsmodells, wie es anhand der zweiten Revisionsentscheidung in BGHZ 95, 63 festgeschrieben worden ist, bedeutet die Geltung des Verweisungsprivilegs, daß der beamtete Chefarzt deliktisch von der Haftung befreit ist, da

---

[416] Hierzu RGRK-Weber § 426 BGB Rn. 18; Soergel-Wolf § 426 BGB Rn. 32, jeweils m. w. N. aus der Rechtsprechung.

[417] Siehe oben S. 64.

[418] Dazu Heinze MedR 1983, 6, 8 f.; im Ergebnis kann der Chefarzt allein zur Schadenstragung verpflichtet sein, so Uhlenbruck NJW 1964, 2187, 2188.

[419] Siehe oben S. 54 ff.

[420] Siehe oben S. 3.

ja neben ihm stets das Krankenhaus - vertraglich und deliktisch[421] - einzustehen hat. Lediglich seine vertragliche Haftung, die den materiellen
Schadensbereich abdeckt, bleibt hiervon unberührt.[422] Soweit der deliktische Schadensersatzanspruch weiter reicht, nämlich auf Zahlung eines
angemessenen Schmerzensgeldes nach § 847 BGB, haftet das Krankenhaus
allein.

Diese Folge hat der BGH offensichtlich nicht bedacht, als er sich zunächst
für die Anwendbarkeit des § 839 BGB und sodann für eine Haftung nach
dem Kumulierungsmodell entschied. Zwar wurde im ersten Urteil die Anwendbarkeit des Verweisungsprivilegs kritisch hinterfragt, jedoch nur wegen seiner nachteiligen Auswirkungen auf den Geschädigten,[423] nicht aber
wegen seiner Auswirkungen auf die Innenrechtsbeziehung zwischen Krankenhaus und Chefarzt.

Mit der Entscheidung zugunsten des § 839 BGB wird sich am Ergebnis, der
Geltung des Verweisungsprivilegs, freilich nichts ändern lassen, insbesondere kommt eine weitere teleologische Reduktion seines Anwendungsbe-
reich,[424] wie sie etwa für die amtliche Teilnahme von Beamten am allgemeinen Straßenverkehr anerkannt ist,[425] nicht in Betracht. In diesem Fall war
nur die Randzone beamtlicher Tätigkeit betroffen. Demgegenüber übt der
beamtete Chefarzt auch bei der Behandlung von Wahlleistungspatienten -
jedenfalls äußerlich - die Tätigkeit aus, für die er in sein Amt berufen worden ist. Ihn vom Geltungsbereich des Verweisungsprivilegs auszunehmen,
würde daher einer Aufhebung dieses Grundsatzes gleichkommen. Zurecht

---

[421] Siehe oben S. 57 f.

[422] Kern VersR 1981, 316, 318; in diesem Sinne bereits das Ausgangsurteil BGHZ 85, 393 -
insoweit abgedruckt in BGH VersR 1983, 244, 246 - und klarstellend BGH NJW 1988,
2946 = MedR 1989, 81, 82; vgl. auch Soergel-Glaser § 839 BGB Rn. 40.

[423] BGHZ 85, 393, 396; vgl. auch BGH NJW 1984, 1400, 1402 und BGH NJW 1986, 2886;
ebenso Steffen in seiner Anmerkung zu BGH LM Nr. 44 zu § 839 (A) BGB, Bl. 6 R; die
dort diskutierte Erschwerung setzt freilich die Annahme eines gespaltenen Wahlbehandlungsvertrags voraus.

[424] Dazu allgemein Larenz, Methodenlehre S. 377 ff.

[425] BGHZ 68, 217, 220 f. = NJW 1977, 1238, 1239; weitere Beispiele einer teleologischen Reduktion bei RGRK-Kreft § 839 BGB Rn. 490.

will der BGH eine solche Entscheidung allein dem Gesetzgeber überlassen.[426]

Es stellt sich somit die Frage, ob im Bereich der Schmerzensgeldhaftung,
dessen zunehmende Bedeutung bereits hervorgehoben worden ist,[427] außerhalb des Gesamtschuldregresses ein angemessener Ausgleich gewährleistet
ist.

IV. Regreßmöglichkeiten außerhalb der gesamtschuldnerischen Haftung

1. Regreß nach der Lehre vom gestörten Gesamtschuldverhältnis

a) Lösungsansatz

Es könnte daran gedacht werden, den Gesamtschuldregreß trotz des nach
außen - wegen der Geltung des Verweisungsprivilegs - nicht vorhandenen
Gesamtschuldverhältnisses zwischen Arzt und Krankenhaus zum Zuge kommen zu lassen. Diese Lösung ist anhand von Fällen entwickelt worden, die
unter dem Stichwort des "gestörten Gesamtschuldverhältnisses"[428] diskutiert
werden. Alle diese Fälle zeichnen sich dadurch aus, daß zwar mehrere Personen nebeneinander für einen Schaden verantwortlich sind, jedoch einer
der Beteiligten im Verhältnis zum Geschädigten entlastet wird, entweder
durch eine vertraglich[429] oder gesetzlich[430] beschränkte Haftung oder durch
eine vollständige gesetzliche Haftungsfreistellung.[431]

Für die Fallgruppe der vertraglich oder gesetzlich beschränkten Haftung
wird von der Rechtsprechung die Auffassung vertreten, daß der Geschädig-

---

[426] BGHZ 85, 393, 396; ausführlich Steffen in seiner Anmerkung zu demselben Urteil a.a.O.
(Fn. 423); zuvor bereits ablehnend Kern VersR 1981, 316, 317.

[427] Siehe oben Fn. 21.

[428] Soergel-Lange § 1359 BGB Rn. 3; MünchKomm-Papier § 839 BGB Rn. 191 ("gestörter
Gesamtschuldausgleich"); Selb JZ 1986, 483, 486 ("hinkendes Gesamtschuldverhältnis");
OLG Düsseldorf NJW 1978, 891.

[429] Typisch ist die gefälligkeitshalber erfolgte Mitnahme eines Bekannten durch den später
einen Unfall verursachenden Fahrer eines PKW; vgl. BGHZ 12, 213.

[430] §§ 708, 1359, 1664 BGB.

[431] Etwa gem. §§ 636, 637 RVO im Verhältnis von Arbeitnehmer und Arbeitgeber oder mehrerer Arbeitnehmer desselben Betriebes untereinander; weitere ähnliche Fälle und Fall-
gruppen bei Palandt-Heinrichs § 426 BGB Anm. 5 b aa-cc.

te zwar allein auf den Mithaftenden verwiesen bleibt, diesem aber der Rückgriff auf den privilegierten Mitverursacher zusteht.[432]

b) Übertragbarkeit dieses Ansatzes

Einer Übertragung dieser - auf den ersten Blick einnehmenden - Lösung auf das Verhältnis zwischen Chefarzt und Krankenhaus stehen jedoch erhebliche Bedenken entgegen. Typisches Merkmal der von der Rechtsprechung so behandelten Fallgruppe ist eine besondere Rechtsbeziehung zwischen Geschädigtem und privilegiertem Schadensverursacher, die für die Haftungsbeschränkung maßgeblich ist.[433] Würde man den Zweitschädiger ungeteilt und ohne Regreßmöglichkeit haften lassen, so käme der Privilegierung eine von der Schutzrichtung her nicht begründbare Außenwirkung zu. Daher ist es gerechtfertigt, die Wirksamkeit der Privilegierung auf das Außenverhältnis zu beschränken und den Rückgriff unabhängig davon zuzulassen.[434]

Im Fall der subsidiären Haftung nach § 839 Abs. 1 Satz 2 BGB liegen die Verhältnisse gerade umgekehrt: Die Privilegierung des Beamten gründet sich nicht auf eine irgendwie geartete besondere Beziehung zum Geschädigten. Sie verfolgt allein Zwecke in der Person des Beamten,[435] wobei das Mittel zur Erreichung dieses Zwecks die Alleinhaftung des Mitschädigers ist. Seine volle Belastung ist somit kein vom Gesetz her nicht begründbarer Störfall, sondern von Gesetzes wegen gerade so vorgesehen. Deshalb kann die Lehre vom gestörten Gesamtschuldverhältnis jedenfalls in ihrer bisherigen Ausprägung nicht zur Lösung des Regreßproblems nutzbar gemacht werden.

---

[432] BGHZ 12, 213, 218 f. (vertragliche Haftungsbeschränkung); BGHZ 58, 216, 220 (Verjährung); BGH NJW 1983, 624, 626 (§ 1353 BGB); zu § 1664 BGB unter Aufgabe seiner früheren Rechtsprechung zum Fall der Haftungsbeschänkung nach § 1359 BGB nunmehr abweichend BGHZ 163, 338 = NJW 1988, 2667 = JZ 1989, 45 mit Anmerkung Lange (alleinige Belastung des außenstehenden Schädigers). Die h. L. will dagegen stets eine anteilmäßige Kürzung der Haftung des nicht privilegierten Schädigers vornehmen; vgl. Soergel-Zeuner § 840 Rn. 12; Palandt-Heinrichs § 426 BGB Anm. 5 jeweils m. w. N.; ebenso die Rechtsprechung in den Fällen der gesetzlichen Haftungsfreistellung, so zuletzt BGH NJW 1985, 2261, 2262 (§ 46 BeamtVG).

[433] So etwa die vertragliche Vereinbarung einer Haftungsbeschränkung.

[434] Im Hinblick darauf wird auch von einem "fingierten" Gesamtschuldverhältnis gesprochen, vgl. Soergel-Selb § 426 BGB Rn. 18.

[435] Seine Entschlußfreiheit und Tatkraft sollen vor einer Beeinträchtigung durch die Gefahr, haften zu müssen, bewahrt werden, vgl. Soergel-Glaser § 839 BGB Rn. 2 und 38 m. w. N..

Dementsprechend ist der Bemühung von Teilen der Literatur, unter Heranziehung der Lehre vom gestörten Gesamtschuldverhältnis die als unangemessen empfundene alleinige Belastung des Zweitschädigers in Fällen des § 839 Abs. 1 Satz 2 BGB zu mildern,[436] kein Erfolg beschieden gewesen.[437] Dieser Ansatz betraf die bereits erwähnte amtliche Teilnahme von Beamten am allgemeinen Straßenverkehr, und zwar zu einer Zeit, als der BGH an einer Privilegierung des Beamten noch festgehalten hat.[438]

Nutzbar zu machen wäre allein der theoretische Ansatz Selbs, der zu § 426 BGB die These vertritt, daß bereits die gemeinschaftliche Schadensverursachung ein zur Ausgleichung verpflichtendes Verhältnis unter den Beteiligten begründet.[439] Diese These ist freilich anhand der Fälle der gesetzlichen oder vertraglichen Haftungsbeschränkung entwickelt worden. Hinsichtlich des Verweisungsprivilegs wird jedoch angenommen, daß dieses auch in das Ausgleichsverhältnis eingreift und eine Regreßnahme hindert.[440]

c) Ergebnis

So ist letztendlich dem BGH beizupflichten, der bisher stets dem nach § 839 Abs. 1 Satz 2 BGB allein belasteten Mitschädiger einen Ausgleichsanspruch nach § 426 BGB mit der - teilweise als begriffsjuristisch kritisierten[441] - Begründung versagt hat, es fehle das dort vorausgesetzte Gesamtschuldverhältnis.[442]

---

[436] Waldeyer NJW 1972, 1249, 1252 f.; Hohenester NJW 1962, 1140, 1142; Hanau VersR 1967, 526, 521 f.

[437] Ausdrücklich ablehnend MünchKomm-Papier § 839 BGB Rn. 191.

[438] Erstmals abweichend BGHZ 68, 217, 220 f. = NJW 1977, 1238, 1239; vgl. MünchKomm-Papier § 839 BGB Rn. 197.

[439] MünchKomm-Selb § 426 BGB Rn. 18.

[440] MünchKomm-Selb a.a.O. Rn. 22.

[441] MünchKomm-Selb a.a.O.; Waldeyer NJW 1972, 1249, 1252 f.

[442] Ständige Rechtsprechung seit BGHZ 28, 297, 301; weitere Nachweise bei MünchKomm-Papier § 839 BGB Rn. 191.

2. Die beamtenrechtliche Regreßhaftung

a) Lösungsansatz

In den Beamtengesetzen des Bundes und der Länder ist vorgesehen, daß ein Beamter bei schuldhafter Verletzung der ihm obliegenden Pflichten dem Dienstherrn, dessen Aufgaben er wahrgenommen hat, den daraus entstandenen Schaden zu ersetzen hat.[443] Die Belastung des Dienstherrn mit der Pflicht zur Zahlung eines Schmerzensgelds an den Patienten begründet insoweit den Schaden.[444] Dabei versteht sich, daß das Verweisungsprivileg im Verhältnis zwischen dem Beamten und seinem Dienstherrn keine Wirkung entfaltet.[445] Bedenken könnten lediglich für den gegenständlichen Bereich der Universitätskrankenhäuser bestehen, da dort allein die Universität dem Patienten gegenüber haftet,[446] Dienstherr des beamteten Arztes aber das Land ist.[447] Hätte man deshalb ein Auseinanderfallen von Schaden und Anspruch anzunehmen,[448] so würde daran die Möglichkeit der Regreßnahme nicht scheitern. Zu denken wäre dann an eine Schadensliquidation des Landes im Drittinteresse.[449]

b) Die Wahlbehandlung als dienstliche Tätigkeit

Die bisher behandelten Fragen sind typisch für den Regreß im Krankenhausbereich. Ein weiteres Problem stellt sich jedoch wegen der Ausgestaltung der Wahlbehandlung als Nebentätigkeit.

---

[443] Angaben bei Schütz § 84 LBG NW S. 1; vgl. auch Rieger Rn. 783.

[444] Sogenannter Fremdschadensfall, der einen Rückgriffsanspruch auslösen kann, im Gegensatz zu den Eigenschadensfällen, bei denen von Inanspruchnahme gesprochen wird, vgl. Schütz a.a.O. Rn. 25 a.

[445] Soergel-Glaser § 839 BGB Rn. 165; Burck VersR 1968, 613, 614 f.

[446] BGH VersR 1986, 465 = BGH NJW 1986, 1543.

[447] Vgl. für Baden-Württemberg § 121 UG.

[448] In Baden-Württemberg werden die Universitätskliniken gemäß § 29 Abs. 3 UG als Landesbetriebe mit kaufmännischer Haushaltsführung betrieben; lediglich Zu- und Abführungen werden über den Staatshaushaltsplan erfaßt.

[449] Vgl. Scheerbarth Höffken, S. 413; Soergel-Glaser § 839 BGB Rn. 165; zum rechtsähnlichen Fall der Beschädigung von Eigentum eines Schulträgers durch einen im Landesdienst stehenden Beamten BVerwG ZBR 1985, 337; BW VGH Urt. v. 8.5.1984 bei Schütz a.a.O. (Fn. 443), Entscheidungssammlung ES B II Nr. 9, zuvor bereits BW VGH ZBR 1974, 337.

So ist für die beamtenrechtliche Regreßhaftung vorausgesetzt, daß eine dienstliche Verrichtung vorliegt. Für den Normalfall der Nebentätigkeit wäre dies sicherlich zu verneinen.[450] Im vorliegenden Fall wird man jedoch auf die Überlegungen zurückgreifen können, mit denen der BGH seine Auffasung begründet, der beamtete Chefarzt werde auch bei Ausübung seines Liquidationsrechts aus seiner Dienststellung heraus tätig.[451] Freilich ist bereits hier anzumerken, daß bei einer streitigen Auseinandersetzung über die gegenständliche Rechtsfrage in letzter Instanz das Bundesverwaltungsgericht zu entscheiden hätte.[452]

c) Eigenes Verschulden und beschränkte Haftung

Schließlich muß eine schuldhafte Pflichtverletzung vorliegen. Ein zugrundezulegendes *fahrlässigs Eigenverschulden* löst nicht stets die Regreßhaftung aus. Zwar wird eine Haftungsbeschränkung nach den Grundsätzen schadensgeneigter Tätigkeit nicht in Betracht kommen, wie bereits im Zusammenhang mit dem Gesamtschuldregreß ausgeführt worden ist.[453] Aber nicht in allen Bundesländern genügt einfache Fahrlässigkeit als Verschuldensmaßstab. So ist in Berlin, in Nordrhein-Westfalen und im Saarland der Regreß auch außerhalb hoheitlicher Betätigung[454] auf Vorsatz und grobe Fahrlässigkeit beschränkt.[455] In diesen Ländern wird der Beamtenregreß in der Regel nicht für den erforderlichen Ausgleich sorgen können.

d) Zurechnung bei Fremdverschulden

Hat dagegen nicht der Chefarzt selbst - auch nicht bei Auswahl, Anleitung

---

[450] Dazu unten S. 81.

[451] BGHZ 85, 393, 398 f.; im einzelnen dazu unten S. 82.

[452] Die Regreßnahme geschieht regelmäßig durch Verwaltungsakt, der den Rechtsweg zu den Verwaltungsgerichten öffnet; gegebenenfalls hätte der Gemeinsame Senat der Obersten Gerichtshöfe des Bundes über die Frage zu entscheiden.

[453] Siehe oben S. 65.

[454] Hier ergibt sich die Haftungsbeschränkung zwingend aus Art. 34 S. 2 GG.

[455] Schütz § 84 LBG NW Rn. 13, 25 und 26; Knaths VersR 1984, 720.

oder Überwachung eines Mitarbeiters[456] - fehlerhaft gehandelt, sondern trifft allein diesen Mitarbeiter ein an sich zurechenbares Verschulden,[457] ist fraglich, ob der Chefarzt im Rahmen des beamtenrechtlichen Regresses dafür einzustehen hat. Dem Grundsatz nach gibt es hier keine Haftung für fremdes Verschulden, da der Beamte nur für das ihm zugewiesene Amt verantwortlich ist; als Vorgesetzter haftet er für ein Fehlverhalten seiner Mitarbeiter nur, wenn ihn selbst ein (Auswahl-, Anleitungs- oder Überwachungs-) Verschulden trifft.

Man wird sich auch nicht damit behelfen können, daß bereits in der bloßen Delegation einer wahlärztlichen Behandlungsaufgabe ein Verschulden gesehen wird.[458] Zwar ist der Chefarzt im Rahmen der Wahlbehandlung grundsätzlich persönlich zur Leistung verpflichtet.[459] Wie aber bereits ausgeführt worden ist, betrifft diese Pflicht nur die spezifischen Behandlungsmaßnahmen.[460] Ferner sind die Vertretungs- und Verhinderungsfälle auszunehmen. So bleiben lediglich die Fälle übrig, in denen es der Chefarzt aus Bequemlichkeit unterläßt, die Behandlung selbst durchzuführen. Damit läßt sich aber kein dem Dienstherrn gegenüber erhebliches Verschulden begründen. Eine Berufung auf die gemäß § 613 BGB bestehende oder in der Gebührenordnung der Ärzte vorausgesetzte Pflicht zur persönlichen Erbringung der ärztlichen Leistung[461] hilft nicht weiter, da diese Vorschriften nur das Verhältnis zwischen Arzt und Patient betreffen. Soweit die Pflicht zur persönlichen Behandlung in das Nebentätigkeitsrecht Eingang gefunden hat, geht es entweder unmittelbar[462] oder zumindest mittelbar[463] um den Schutz des Patienten vor nicht gerechtfertigter Inanspruchnahme, nicht aber um schutzwürdige Belange des Krankenhauses. Ein Schaden des Krankenhauses, der auf der Verletzung dieser Pflicht beruht, würde nicht mehr vom Norm-

---

[456] Vgl. oben S. 64.

[457] Oben S. 65 ff.

[458] In diesem Sinne aber Geigel (17. Aufl.) S. 1184 f.; Weimar S. 98 f.

[459] Siehe oben S. 15 f.

[460] Oben Fn. 85.

[461] Oben Fn. 90.

[462] So § 5 Abs. 3 Nr. 1 HNTVO BW (Wortlaut oben S. 16).

[463] So § 8 Abs. 1 HNTV NW: "Die persönlichen ärztlichen Leistungen ... müssen in allen wesentlichen Teilen von dem leitenden Abteilungsarzt selbst erbracht werden."

zweck gedeckt sein und läge somit außerhalb des Schutzbereichs der bezeichneten Vorschriften.[464]

Der vorliegende Sachverhalt ist jedoch durch den Widerspruch gekennzeichnet, daß der Chefarzt in einem als dienstlich qualifizierten Betätigungsfeld[465] einerseits unter Heranziehung untergebener Mitarbeiter liquidieren darf und andererseits - wegen der darauf nicht abgestimmten Regreßnorm - für Fehler dieser Mitarbeiter nicht eintstehen muß. Das Regreßrecht des Beamten weist insofern eine - planwidrige - Regelungslücke[466] auf. Diese kann in entsprechender Anwendung[467] der bereits erwähnten Grundsätze, die für die Außenhaftung des Beamten nach § 839 BGB gelten,[468] geschlossen werden: Danach hat der Beamte für Gehilfen, die er in eigenem Interesse heranzieht, gemäß § 831 BGB einzustehen; gleiches muß für den beamteten Chefarzt im Rahmen des rechtsähnlich liegenden Regreßfalles gelten. Mit dieser Einordnung stimmt überein, daß der Chefarzt jedenfalls dann als Arbeitgeber der von ihm herangezogenen Mitarbeiter gilt, wenn diese ihrerseits eine Nebentätigkeit ausüben.[469]

e) Ergebnis

Der beamtenrechtliche Regreß erweist sich somit im Ansatz als geeignet, die im Bereich der Schmerzensgeldhaftung bestehende Lücke zu schließen. Er versagt jedoch dort, wo die Haftung kraft gesetzlicher Vorschrift auf Vorsatz und grobe Fahrlässigkeit beschränkt ist.

3. Die liquidationsrechtliche Einstandspflicht

In diesen Fällen könnte zur Begründung eines Regreßanspruchs auf das Liquidationsrecht selbst zurückgegriffen werden. Ausgangspunkt ist dessen

---

[464] Zur Schutzzwecklehre im Schadensersatzrecht Lange S. 81 ff.

[465] Oben S. 74.

[466] Larenz, Methodenlehre S. 354 ff., 358.

[467] Zur Analogie Larenz a.a.O. S. 366 ff.

[468] Oben Fn. 336.

[469] So Rieger Rn. 522 und 779; a.A. Burck VersR 1968, 613, 621; zur Ausgestaltung als Nebentätigkeit siehe unten Fn. 533.

Struktur. Danach sind auf der Berechtigungsseite zwei Positionen zu unterscheiden: erstens die Befugnis, das Behandlungshonorar zu vereinnahmen,
und zweitens die Befugnis, die erforderlichen sachlichen und personellen
Mittel gestellt zu bekommen.[470] Auf der Verpflichtungsseite war bei Zugrundelegung einer gespaltenen Vertragsgestaltung bisher lediglich das ab-
zuführende Nutzungsentgelt[471] zu berücksichtigen, gleichsam als Kehrseite
des Rechts auf Inanspruchnahme sachlicher und personeller Mittel des
Krankenhauses.[472] Auf der Grundlage des Kumulierungsmodells wird erkennbar, daß beim beamteten Chefarzt auch das Recht zum Honorareinzug
ein Gegenstück hat, nämlich die Pflicht zur Übernahme des damit verbundenen Haftungsrisikos im Verhältnis zum Krankenhaus.

Hierbei kommt erneut - nunmehr aber normativ wirksam - der Grundsatz
zum Zug, daß sich Vorteil und Risiko gegenseitig bedingen: Wer liquidiert,
der haftet.[473]

Beide mit dem Liquidationsrecht verbundene Beschränkungen, die Pflicht
zur Zahlung eines Nutzungsentgelts und die Einstandspflicht gegenüber dem
allein auf ein Schmerzensgeld haftendem Krankenhaus, sind im Beamtenverhältnis dem Grunde nach angelegt. In entsprechender Weise ist unter
Hinweis auf die allgemeine Pflichtenstellung des Beamten entschieden worden, daß Einkünfte aus einer vermeintlichen Nebentätigkeit, die tatsächlich
Dienstaufgabe war, an den Dienstherrn abzuführen sind.[474] Ebenso wird die
Pflicht zur Sachkostenerstattung bei ambulanter Behandlung von Privatpatienten als "notwendige rechtliche Folge aus der Verfügung in eigenem Namen über fremde Mittel" bezeichnet.[475]

Zwar wird man nicht einen gewohnheitsrechtlichen Rechtssatz zu dieser

---

[470] So die Kennzeichnung in BVerfGE 52, 303, 336; vgl. auch Lüke/Walendy JZ 1977, 657
       und oben S. 27.

[471] Siehe oben S. 42 f.

[472] So deutlich Luxenburger S. 46.

[473] Dazu bereits oben Fn. 9.

[474] VGH BW, Urteil vom 6.11.1984, Az. 4 S. 556/82; Leitsätze abgedruckt in ZBR 1986, 24.

[475] Bay. VGH ZBR 1986, 296, 297.

Einstandspflicht finden können,[476] wenngleich die bisherige Praxis auf der Grundlage gespaltener Vertragsbeziehungen von einer entsprechenden Risikoverteilung ausgegangen ist.[477] Es wäre aber verfehlt, für diese Einstandspflicht eine gesetzliche Grundlage zu verlangen, wie dies hinsichtlich des Nutzungsentgelts angenommen wird.[478] So ist bereits beim Nutzungsentgelt fraglich, ob eine gesetzliche Grundlage nicht allein wegen der pauschalierten Berechnungsweise erforderlich ist; denn bereits das Haushaltsrecht verbietet die unentgeltliche Überlassung besonderer Vorteile an den Beamten.[479] Für die Einstandspflicht fehlt jedoch jedweder Ansatz für ein Tätigwerden des Gesetz- oder Verordnungsgebers, da kein Gestaltungsspielraum besteht. Auch ist nicht erforderlich, die Einstandspflicht in Dienstanweisungen[480] oder besonderen Verträgen zu regeln, wie dies für die insoweit ähnliche Rechtslage nach dem inzwischen für verfassungswidrig erklärten Staatshaftungsgesetz vorgeschlagen worden ist.[481]

Somit könnte auch dort, wo der beamtenrechtliche Regreß versagt,[482] unter Rückbesinnung auf die normativen Grundstrukturen des Liquidationsrechts für den gebotenen Risikoausgleich gesorgt werden.

4. Eintrittspflicht der Haftpflichtversicherung

Alles bliebe jedoch Stückwerk, wenn die von den Chefärzten abgeschlossene Haftpflichtversicherung im Fall des beamtenrechtlichen Regresses oder des liquidationsrechtlichen Rückgriffs nicht eingreifen würde. Voraussetzung

---

[476] Ablehnend zur Pflicht auf Abführung von Nutzungsentgelt bereits BVerwG NJW 1970, 1248.

[477] Siehe oben S. 48.

[478] Bay. VGH, Urteil vom 16.10.1979, Az. 3 B 80 A, 107/AN 436 I/78 (nicht veröffentlicht); im Fall BVerwG NJW 1970, 1248 ist mangels einer gesetzlichen Grundlage eine Pflicht zur Abführung von Nutzungsentgelt verneint worden, wobei freilich von einer Nebentätigkeit im öffentlichen Dienst ausgegangen worden ist.

[479] Scheerbarth/Höffken S. 368.

[480] Etwa Verwaltungsvorschriften zu einschlägigen Landesverordnungen.

[481] Deutsch, Arzthaftung S. 11; ders. Arztrecht S. 20 f. und 84; dort im Sinne einer Freistellungspflicht gelöst; ebenso Burck VersR 1968, 613, 621 zu einem ähnlichen Sachverhalt (Haftung des Krankenhauses für im wahlärztlichen Bereich eingesetzte Mitarbeiter trotz gespaltener Vertragsgestaltung).

[482] Oben S. 76.

der Einstandspflicht ist das Vorliegen eines gesetzlichen Haftpflichtfalls.[483] Darunter fällt sicher auch ein vertraglicher Schadensersatzanspruch.[484] Umgekehrt darf aber nicht einschränkend nur die Haftung auf privatrechtlicher Grundlage gemeint sein.[485] Vielmehr ist auch die in den Beamtengesetzen der Länder vorgesehene Regreßhaftung mitumfaßt, da sich die jeweiligen Risikobereiche decken; denn jede die gesetzliche Haftpflicht auslösende Fehlbehandlung begründet die beamtenrechtliche Rückgriffshaftung, sofern das Krankenhaus den Schaden reguliert. In diesem Fall wandelt sich die Außenhaftpflicht- in eine Regreßhaftpflichtversicherung. Dem entspricht, daß im Regreß- wie im Schadensersatzanspruch dieselbe Pflichtverletzung, nämlich die fahrlässige Beeinträchtigung von Leben oder Gesundheit des Patienten, sanktioniert wird.

Jedoch ist fraglich, ob dies auch dann noch gilt, wenn aufgrund des anwendbaren Verweisungsprivilegs im Außenverhältnis ein Schmerzensgeld gar nicht geschuldet wird. Verneint man, ergäbe sich folgende Lage: Auf der einen Seite sollte dieses Risiko - ausgehend vom Trennungsmodell - in der Versicherung enthalten sein; dementsprechend ist es in die Prämie einkalkuliert. Auf der anderen Seite gewährt die Versicherung hierfür - wegen des engen Wortlauts der Vertragsbedingungen - keinen Schutz. Die Vereinbarung erwiese sich somit als lückenhaft, da der objektive Regelungsgehalt hinter den intendierten Vorstellungen der Vertragsparteien zurückbleibt[486]. Deshalb kann im Wege ergänzender Vertragsauslegung, ohne den Vertragsgegenstand unzulässig zu erweitern,[487] die Lücke dadurch geschlossen werden, daß die Versicherung jeden die wahlärztliche Behandlung betreffenden Haftungsfall deckt, und zwar auch dann, wenn eine Inanspruchnahme allein im Verhältnis zwischen Krankenhaus und Chefarzt möglich ist. Das gilt auch für die im Beamtenverhältnis wurzelnde liquidationsrechtliche Einstandspflicht.[488]

---

[483] So die Formulierung in den Besonderen Bedingungen (oben S. 62).

[484] So der BGH in LM Nr. 44 zu § 839 (A) BGB S. 7 zu der ähnlich liegenden Problematik, ob zu den gemäß § 87 a BBG übergehenden "gesetzlichen Schadensersatzansprüchen" auch ein vertraglicher Ersatzanspruch gehört (insoweit nicht in BGHZ 85, 393 abgedruckt).

[485] So aber Kurzawa VersR 1977, 799; Rieger Rn. 380.

[486] Larenz S. 529, 531; ebenso MünchKomm/Mayer-Maly § 157 BGB Rn. 26.

[487] MünchKomm/Mayer-Maly a.a.O. Rn. 48; Palandt-Heinrichs § 157 BGB Anm. 2.

[488] Oben S. 77 f.

V. Ergebnis und Folgerungen

Die bisherigen Ausführungen haben gezeigt, daß die bei kumulierter Haftung von beamtetem Chefarzt und Krankenhaus drohende Regreßlücke - trotz zahlreicher Erschwernisse - geschlossen werden kann. Dabei lassen sich - im Grunde systemfremde - Modifikationen der beamtenrechtlichen Regreßhaftung wie die dienstliche Qualifikation einer Nebentätigkeit und die Zurechnung fremden Verschuldens nicht vermeiden.[489] Ebenso sind auf der versicherungsrechtlichen Seite Korrekturen anzubringen.[490] Dies läßt vermuten, daß die Ausgangsentscheidungen des BGH in ihrem Zusammenwirken letztlich zu tief in das zuvor ausgeglichene Gefüge von Liquidationsbefugnis und Haftungsrisiko des Chefarztes eingegriffen haben.

Schon die Rücknahme der ersten Entscheidung würde das Gleichgewicht wieder herstellen: Haftet der beamtete Chefarzt bei Ausübung der Wahlbehandlung nach § 823 BGB, bliebe er neben dem Krankenhaus für das Schmerzensgeld gesamtschuldnerisch verpflichtet; die Regreßlücke würde vermieden. Aber auch die Rückbesinnung auf das Trennungsmodell bietet sich als Lösung an. Beide Ansätze sollen in den folgenden Teilen der Arbeit untersucht werden.

---

[489] Siehe oben S. 74 und 75 f.
[490] Vorstehend S. 79.

§ 6 Wahlbehandlung durch den beamteten Chefarzt und Geltung des Verwesiungsprivilegs

I. Einstieg

Da die Wahlbehandlung für den beamteten Chefarzt als private Nebenbeschäftigung ausgestaltet ist,[491] müßte er an sich wie jeder andere Beamte in diesem Fall nach § 823 BGB haften[492]. Wegen der zu seinem Hauptamt bestehenden Verbindungen[493] ist jedoch fraglich, ob dieser Einordnung zu folgen ist.

Hierzu kommt es auf die im Außenverhältnis maßgebliche Vertragsgestaltung, die dem Kumulierungs- oder Trennungsmodell folgen kann,[494] nicht an. Zwar spricht die alleinige vertragliche Zuständigkeit des Chefarztes für eine Haftung nach § 823 BGB, da er nicht nur wirtschaftlich, sondern auch rechtlich nur für sich tätig ist; bei kumulierter Zuständigkeit von Krankenhaus und Chefarzt tritt er hingegen zugleich - wie für den dienstlichen Bereich typisch - als Erfüllungsgehilfe oder Organ des Krankenhauses auf.[495] Die Interessenlage, die für die Vertragsgestaltung den Ausschlag gibt,[496] hat aber keinen unmittelbaren Bezug zum - privaten oder dienstlichen - Charakter der wahlärztlichen Tätigkeit. Auch wäre eine unterschiedliche Qualifizierung der Wahlbehandlung - noch dazu abhängig von der im Außenverhältnis vereinbarten Vertragsgestaltung - nicht zu vertreten. Dementspre-

---

[491] Siehe oben S. 38 ff.

[492] Beispiel: Ein beamteter Ingenieurwissenschaftler ist in genehmigter Nebentätigkeit an der Entwicklung einer Maschine beteiligt, bei deren Einsatz wegen eines Konstruktionsfehlers Menschen zu Schaden kommen.

[493] Siehe oben S. 41 f.

[494] Siehe oben S. 46 und 48 ff.

[495] Oben S. 57 f.

[496] Dazu oben S. 52 f. einerseits und S. 54 ff. andererseits.

chend konnte der BGH, als er sich erstmals mit dieser Frage befaßte, offen
lassen, von welchem Behandlungsvertrag auszugehen war.[497]

II. Die Wahlbehandlung als Fall der Beamtenhaftung (BGHZ 85, 393)

Der BGH ordnet die Wahlbehandlung der Beamtenhaftung nach § 839 BGB
zu. Sie hat danach dienstlichen Charakter. Ihre formelle Ausgestaltung als
Nebentätigkeit wird für unerheblich erachtet, weil damit "allein besoldungsrechtlichen Bedürfnissen nach Anpassung an die allgemein für Beamte geltenden Besoldungsvorschriften ..." Rechnung getragen werde.[498] Die Behandlung von Wahlleistungspatienten gehöre - materiell - zum Amt des
Chefarztes; dementsprechend könne er die Behandlung von Wahlleistungspatienten nicht wie "ein Privatarzt" ablehnen.[499] Ergänzend wird auf die Einheit klinikärztlicher Tätigkeit hingewiesen, die nicht in einen privaten
(Wahlbehandlung) und einen dienstlichen Teil (Regelbehandlung) aufgespalten werden könne.[500] Ebenso sei es geboten, den beamteten Chefarzt und
den von ihm eingesetzten beamteten Assistenz- oder Oberarzt, dem das
Verweisungsprivileg zugute komme, gleich zu behandeln.[501] Schließlich
werden zwei Urteile herangezogen, in denen jeweils festgestellt worden ist,
daß der beamtete Arzt im Bereich seines Liquidationsrechts "aus seiner beamtenrechtlichen Dienststellung heraus tätig" wird.[502]

Diese Rechtsprechung hat der BGH - außer in BGHZ 95, 63 - noch in zwei
nachfolgenden Entscheidungen bestätigt.[503]

---

[497]   BGHZ 85, 393, 396 f.

[498]   BGHZ 85, 393, 398.

[499]   BGHZ, a.a.O.

[500]   BGHZ, a.a.O.

[501]   BGHZ, a.a.O., S. 398 f.

[502]   BGHZ, a.a.O.; verwiesen wird auf BGHZ 7, 1, 15 ff. und BVerfGE 52, 303, 335, 338 ff., 344.

[503]   BGH NJW 1984, 1400, 1402; BGH NJW 1986, 2883 = VersR 1986, 1206.

III. Rechtslogische Bedenken

1. Die Beschränkung des dienstlichen Charakters auf das Besoldungsrecht

Indem der BGH die Wirkungen der nebentätigkeitsrechtlichen Ausgestaltung der Wahlbehandlung auf das Besoldungsrecht beschränkt, verleiht er ihr einen Doppelcharakter: Im Rahmen der Beamtenhaftung ist sie dienstliche Tätigkeit, besoldungsrechtlich gilt sie als private Nebenbeschäftigung.

Der BHG greift dabei die enge Verbindung der Wahlbehandlung mit den weiteren Aufgaben des Chefarztes auf, der in seiner Funktion als Abteilungsleiter für alle Patienten verantwortlich ist, zumal zu den gesetzlichen Aufgaben öffentlicher Krankenhäuser auch die Behandlung von Wahlleistungspatienten gehört.[504] Dies unterscheidet seine diesem Personenkreis gewidmete Nebentätigkeit von Nebentätigkeiten anderer Beamter, bei denen zwar Interessenkollisionen, aber keine Überschneidungen in der jeweiligen Aufgabenstellung in Betracht kommen.[505] Auf das an sich bestehende Verbot, solche Verrichtungen als Nebentätigkeit zuzulassen, ist bereits hingewiesen worden.[506] Indem für den beamteten Chefarzt eine Ausnahme zugelassen wird, trägt man in der Tat "besoldungsrechtlichen Bedürfnissen nach Anpassung an die allgemein für Beamte geltenden Besoldungsvorschriften" Rechnung;[507] also liegt es nahe, die Rechtsfolgen auf diesen Rechtskreis zu beschränken und es in allen anderen Bezügen beim dienstlichen Charakter zu belassen.

Diese Betrachtung stößt jedoch auf rechtslogische Bedenken. Die Anwendbarkeit nebentätigkeitsrechtlicher Bestimmungen setzt nämlich im vorliegenden Fall eine Entschließung des Dienstherrn voraus, wonach er die Wahlbehandlung kraft seiner Organisationsgewalt aus dem Bereich der Dienstaufgaben ausgliedert.[508] Dieser Akt hat gestaltende Kraft, die nicht - wie eine

---

[504] Siehe oben Fn. 258.

[505] Beispiel: Ein mit der Zulassung von Arzneimitteln befaßter Pharmakologe ist privat in der Forschungsabteilung eines Arzneimittelherstellers tätig.

[506] Oben Fn. 259.

[507] BGHZ 85, 393, 398; ebenso bereits oben bei Fn. 261.

[508] Oben Fn. 262.

Rechtsvorschrift im Wege teleologischer Reduktion[509] – im Wirkungsbereich beschränkt werden kann.

Die Wahlbehandlung hebt sich somit der Struktur nach nicht von den anderen Fällen beamtenrechtlicher Nebentätigkeit ab, in denen von vorne herein nur eine Haftung nach § 823 BGB in Betracht kommt.[510] Es besteht nur der eine Unterschied, daß dort die Voraussetzungen für eine genehmigte Nebentätigkeit von Anfang an vorliegen, während sie für die Wahlbehandlung durch einen Organisationsakt erst geschaffen werden müssen.

2. Die Pflicht zur Übernahme der Wahlbehandlung

Offenbar sieht der BGH in der angenommenen Pflicht des Chefarztes, die Wahlbehandlung zu übernehmen, einen weiteren Beleg für ihren dienstlichen Charakter.

Dabei ist bereits fraglich, ob es eine solche Pflicht tatsächlich gibt.[511] Aber auch ihr Bestehen vorausgesetzt, ist die Beweisführung nicht zwingend. So könnte gerade die enge Verbindung von amtlicher und privater Tätigkeit zur Begründung einer Übernahmeverpflichtung herangezogen werden: Gehört die Behandlung von Wahlleistungspatienten zu den gesetzlichen Aufgaben öffentlicher Krankenhäuser,[512] könnte der Chefarzt schon auf Grund seiner Stellung als Beamter gehalten sein, den Dienstherrn in dessen Aufgabenkreis nach besten Kräften zu unterstützen.[513] Die so begründete Pflicht zur Übernahme der Wahlbehandlung bliebe dem Hauptamt zugeordnet und würde in den Nebentätigkeitsbereich lediglich ausstrahlen: Die Wahlbehandlung selbst bliebe Nebentätigkeit; die grundlose Abweisung eines Wahlleistungspatienten würde aber eine Dienstverfehlung darstellen. Damit wird keineswegs rechtliches Neuland betreten; denn schon zum Nutzungsentgelt ist entschieden

---

[509] Dazu bereits in anderem Zusammenhang oben S. 69 f.

[510] Oben Fn. 492.

[511] Ablehnend Wohlhage S. 43 und 104; Luxenburger S. 43; Rieger Rn. 186; ebenso BGH KHA 1958, 281, 285.

[512] Oben bei Fn. 258.

[513] Ausführlich BVerwG NJW 1970, 1248 und 1974, 1440, 1441; für eine ebensolche Pflicht des angestellten Chefarztes Nipperdey KHA 1949 (4), 5, 9, 12.

worden, daß dem einer Nebentätigkeit nachgehenden Beamten kein Doppelstatus zukommt und er deshalb weiterhin Beschränkungen, die aus seinem Beamtenverhältnis herrühren, unterliegt.[514] Ob diese die private Betätigung überlagern - wie bei der Pflicht zur Zahlung von Nutzungsentgelt - oder ihr wie im gegenständlichen Zusammenhang vorgeordnet sind, macht keinen erheblichen Unterschied.

IV. Weitere Bedenken

1. Übermäßige Ausweitung des chefärztlichen Pflichtenkreises

Hat die Wahlbehandlung dienstlichen Charakter, erfaßt dieser die gesamte Tätigkeit. Daher würde jede dem Patienten gegenüber geschuldete Handlung zur Dienstpflicht. Dies hätte weitreichende Folgen.

So beginge der Chefarzt, der sich außerhalb eines Verhinderungsfalles vertreten läßt,[515] ein Dienstvergehen. Er müßte nicht nur mit dem Verlust seines Honoraranspruchs,[516] sondern auch mit der Einleitung eines Disziplinarverfahrens rechnen.

Ferner würde die richtige Honorarberechnung selbst zum Gegenstand einer dienstlichen Pflicht. Der Dienstherr wäre gehalten, sie jedenfalls in Stichproben einer Prüfung zu unterziehen. Der Patient könnte in jedem zweifelhaften Fall den Dienstherrn anrufen, dem in letzter Konsequenz sogar ein Weisungsrecht zustehen müßte. Dabei berührt die Ordnungsgemäßheit der Honorarberechnung zunächst das Standesrecht. Die primäre Prüfungs- und Rügekompetenz liegt daher bei den berufsständischen Organisationen, den Ärztekammern.[517] Das schließt nicht aus, daß in krassen Fällen des Miß-

---

[514] So BVerwG, a.a.O.

[515] Fall OLG Celle NJW 1982, 2129: Der Chefarzt war an einem Sonntag nicht zur Entbindung einer Wahlleistungspatientin erschienen, weil er dienstfrei hatte; zur Vertretungsproblematik oben bei Fn. 96.

[516] So das OLG Celle, a.a.O; vgl auch Schmid S. 84.

[517] Vgl. hierzu Rieger Rn. 194.

brauchs oder bei beharrlichem Verstoß gegen Standesrichtlinien[518] ein - freilich außerdienstliches - Dienstvergehen des Chefarztes vorliegt,[519] das den Dienstherrn zu einem disziplinarrechtlichen Einschreiten verlassen kann.[520]

Die außerdienstliche Einordnung der Wahlbehandlung vermeidet diese übermäßige Pflichtenbindung des Chefarztes, ohne daß die Gefahr von Mißständen befürchtet werden müßte. Es entstünde - auch im Verhältnis zum Dienstherrn - kein rechtsfreier Raum.[521]

2. Die Einheit klinikärztlicher Tätigkeit des Chefarztes

Es mag wünschenswert sein, die Tätigkeit des Chefarztes bei der Behandlung von Regel- und Wahlleistungspatienten als Einheit aufzufassen, zumal der Chefarzt auch bei der Regelbehandlung persönlich gefordert sein kann[522] und die Organisation der Stations- und Bereitschaftsdienste ihm für alle Patienten in gleicher Weise obliegt.[523] Bei abweichender Beurteilung könnte es sein, daß der Chefarzt demselben Patienten gegenüber in zwei Rollen - dienstlich und außerdienstlich - auftritt.[524] Es ist in der Tat nicht eingängig, ihn hier nach § 823 BGB, dort aber priviligiert nach § 839 BGB haften zulassen. Nicht zuletzt wegen der damit bereits auf dieser Ebene verbundenen Abgrenzungsprobleme ist schon die Auffassungvertreten worden, den beamteten Chefarzt einheitlich der Beamtenhaftung zu unterwerfen.[525]

---

[518] Zur Anwedung der GOÄ vgl. die Grundsätze des Vorstandes der Landesärztekammer Baden-Württemberg DRiZ 1983, 456.

[519] Vgl. etwa § 95 Abs. 1 LBG BW.

[520] Daneben besteht die Möglichkeit, daß der Dienstherr einer Maßregelung durch das Berufsgericht zustimmt, vgl. § 56 KammerG BW.

[521] Diese Befürchtung klingt in der Anmerkung Steffens zum Urteil des BGH in LM Nr. 44 zu § 839 (A) BGB an, wenn dort für den Fall einer abweichenden Einordnung von einer "privaten Enklave im Krankenhausbereich" die Rede ist (a.a.O., Bl. 6).

[522] Siehe oben S. 12 f.

[523] Vgl. oben S. 12 und S. 15.

[524] Dazu bereits oben S. 67 im Rahmen des Regresses.

[525] Kern VersR 1981, 316, 317 f.

Dabei wird jedoch verkannt, daß schon die vertragliche Beziehung zum Wahlleistungspatienten diesem Teil der chefärztlichen Tätigkeit rechtlich und tatsächlich eine solche Eigenständigkeit verleiht, daß - in Übereinstimmung mit dem Bundesverwaltungsgericht - "zwischen der zum Hauptamt der Klinikdirektoren gehörenden Oberaufsicht über die ärztliche Behandlung sämtlicher Patienten einerseits ... und der vom Klinikdirektor persönlich vorgenommenen Behandlung aller Privatpatienten andererseits eine Unterscheidung möglich ist".[526] Auch ist eine Abgrenzung beider Bereiche sowohl im Rahmen des Trennungsmodells - zur Festlegung der jeweiligen Haftungsbereiche von Krankenhaus und Chefarzt[527] - als auch im Rahmen des Kumulierungsmodells - zur Festlegung der Verantwortungsbereiche im Innenverhältnis[528] - erforderlich. Es besteht keine Notwendigkeit, im gegenständlichen Zusammenhang die klinikärztliche Tätigkeit des Chefarztes als Einheit aufzufassen, wenn diese Betrachtungsweise in anderen Zusammenhängen nicht durchgehalten werden kann.

Es bleibt lediglich ein tatsächliches Unterscheidungsproblem, das die zeitliche Inanspruchnahme des Chefarztes betrifft: Während sich außerhalb der Medizin Hauptamt und Nebentätigkeit - jedenfalls dem Grundsatz nach - sauber voneinander trennen lassen, ist dies beim Chefarzt nur schwer möglich; denn für ihn gibt es keine dienstliche oder außerdienstliche Anwesenheit, je nachdem, ob er sich gerade Allgemein- oder Wahlleistungspatienten widmet oder Anordnungen für diesen oder jenen Bereich trifft. Das hat aber nur zur Folge, daß eine Begrenzung der Nebentätigkeit nicht über eine Dienstzeitenregelung und die Einführung einer Obergrenze für die wöchentliche Beanspruchung durch Nebentätigkeiten bewirkt werden kann.[529]

Dies ist jedoch kein wesentlicher Unterschied, da es regelmäßig eine Obergrenze für die der Wahlbehandlung zur Verfügung stehenden Betten gibt.[530]

---

[526] BVerwG NJW 1970, 1440; zum Gegenstand die Entscheidung siehe oben bei Fn. 514.

[527] Siehe oben S. 54 und ausführlich unten S. 92 ff.

[528] Siehe oben S. 68.

[529] So gelten nach § 4 Abs. 1 LNTVO BW vom 18.5.1987 (GBl. S. 170) Nebentätigkeiten als genehmigt, wenn sie außerhalb der Dienstzeiten ausgeübt werden und die zeitliche Beanspruchung in der Woche ein Fünftel der regelmäßigen Arbeitszeit nicht überschreitet.

[530] Vgl. Nr. 4.2 der Verwaltungsvorschriften zur HNTVO BW vom 9.9.1982 (Wissenschaft und Kunst S. 446), wonach die Grenze bei 10 % der Gesamtbettenzahl liegt.

Ob der auf die Nebentätigkeit tatsächlich entfallende Teil der Arbeitskraft auch stets zu einer entsprechend längeren Arbeitszeit führt, ist eine andere, den wirtschaftlichen Ausgleich betreffende Frage.

3. Das Gebot der Gleichbehandlung von Chefarzt und mitwirkendem beamteten Arzt

Auch der Vergleich, den der BGH zu dem nicht liquidationsberechtigten Arzt zieht, der an der Wahlbehandlung als Beamter mitwirke, aber nach § 839 BGB privilegiert hafte, geht fehl.

So wird vorausgesetzt, daß der mitwirkende Arzt in jedem Fall dienstlich tätig wird. Dies ist jedoch nur in einem Teil der Länder so geregelt,[531] wobei zudem offen ist, ob bei dieser Gestaltung eine Beteiligung des nachgeordneten Arztes an den Einnahmen des Chefarztes rechtlich möglich ist.[532] Indes kann darin keine Ungleichbehandlung gesehen werden, da schließlich dem Chefarzt das Wahlarzthonorar zusteht und der mitwirkende Arzt daraus allenfalls mittelbar Vorteile zieht.

Wird jedoch auch der nachgeordnete Arzt im Rahmen seiner Mitwirkung außerdienstlich tätig,[533] besteht keine Veranlassung, ihm die privilegierte Haftung nach § 839 BGB zu erhalten. Er hat einen Freistellungsanspruch nach den Grundsätzen schadensgeneigter Tätigkeit,[534] der sich im wahlärztlichen Behandlungsbereich unmittelbar gegen den Chefarzt richtet; denn in diesem Fall stellt das Krankenhaus den Mitarbeiter im Rahmen eines Dienstverschaffungsverhältnisses[535] lediglich ab, so daß der Chefarzt, der

---

[531] So § 14 Abs. 4 HNTV NW; vgl. auch Luxenburger S. 72 und Weisauer/Hirsch S. 7.

[532] Dieterich S. 21.

[533] So in Baden-Württemberg, wo gemäß Nr. 8 der Verwaltungsvorschriften zur HNTVO (a.a.O. Fn. 530) die Mitwirkung nachgeordneter beamteter Ärzte als Nebentätigkeit ausgestaltet ist; damit wird berücksichtigt, daß gemäß § 34 Abs. 2 KHG BW "beamtete ärztliche Mitarbeiter am Liquidationserlös beteiligt werden, wenn die Mitarbeit an wahlärztlichen Leistungen als Nebentätigkeit genehmigt ist".

[534] Vgl. oben S. 64 f.

[535] Zur vergleichbaren Problematik im Rahmen der Belegarztbehandlung R. Eichholz S. 94 f. m. w. N.

seine Dienste abruft, die Stellung des Arbeitgebers inne hat.[536] In der Praxis
kommt es darauf freilich nicht an, da in den bereits vorgestellten Versicherungsbedingungen für Ärzte an Krankenanstalten[537] vorgesehen ist, daß
auch die gesetzliche Haftpflicht von Assistenzärzten und Hilfspersonen für
Schäden, die sie in Ausführung ihrer *dienstlichen* Verrichtungen für den
Versicherungsnehmer verursachen, einbezogen ist.[538]

Es besteht somit kein Anlaß, den Chefarzt dem nachgeordneten beamteten
Arzt in der Haftung gleichzustellen, soweit dessen Mitarbeit dienstlich ausgestaltet ist. Im anderen Fall haften beide - Chefarzt und nachgeordneter
Arzt - gemäß § 823 BGB.

4. *Die zitierte Rechtsprechung vom Bundesverfassungsgericht und Bundesgerichtshof*

Die Bezugnahme auf die Entscheidungen des Bundesverfassungsgerichts im
52. Band und des BGH im 7. Band erweckt den Anschein, als sei dort der
Weg zur dienstlichen Einordnung der Wahlbehandlung bereits vorgezeichnet.
Dies trifft jedoch nicht zu.

Das Urteil des Bundesverfassungsgerichts befaßt sich mit der verfassungsmäßigen Verbürgung des Liquidationsrechts beamteter Ärzte.[539] Es läßt
hierbei ausdrücklich offen, welche Gestaltungsmöglichkeit gewählt wird,
und zählt zum Dienstrecht der beamteten Chefärzte auch die Herausnahme
eines Teils der ärztlichen Verrichtungen und ihre Einordnung als Nebentätigkeit.[540] Der dienstrechtlich geprägte Hintergrund, der es dem Bundesverfassungsgericht erlaubte, die gesetzliche Pflicht zur Mitarbeiterbeteiligung
als verfassungskonform anzusehen,[541] ist bereits oben im Zusammenhang
mit der Behandlungspflicht des Chefarztes und der Lehre vom Doppelstatus

---

536 So Rieger Rn. 522 und 779; a. A. Burck VersR 1968, 613, 621; dazu auch bereits oben bei
Fn. 469.

537 Oben S. 62.

538 Für eine versicherungsrechtliche Lösung Burck, a.a.O.

539 Dazu bereits oben S. 42.

540 Oben Fn. 266.

541 Das war der eigentliche Gegenstand des Urteils.

angesprochen worden;[542] ihm kommt im vorliegenden Zusammenhang keine eigene Bedeutung zu.

Ebenfalls unergiebig ist die Bezugnahme auf die Entscheidung des BGH im 7. Band. Auf sie ist bereits in anderem Zusammenhang eingegangen worden.[543] In dem zugrundeliegenden Fall war die Wahlbehandlung gerade nicht als Nebentätigkeit ausgestaltet, sondern zum Hauptamt gezählt worden.

V. Ergebnis

Die Entscheidung des Bundesgerichtshofs, die Wahlbehandlung durch den beamteten Chefarzt der Beamtenhaftung zuzuordnen, überzeugt nicht. Die hiergegen geäußerten Bedenken haben Bestand. So mißfällt bereits im Ansatz, daß der einheitliche Rechtsakt, mit welchem der Dienstherr Hauptamt und Nebentätigkeit voneinander abgrenzt, nur im Besoldungsrecht Wirkungen entfalten soll. Dabei läßt sich kein Grund finden, der diese Beschränkung rechtfertigen könnte. So reichen die aus dem Beamtenverhältnis herrührenden Bindungen aus, um zu verhindern, daß im Wahlbehandlungsbereich nach Belieben verfahren wird. Umgekehrt droht bei dienstlicher Einordnung der Wahlbehandlung eine übermäßige Kontroll- und Maßregelbefugnis des Krankenhauses bzw. des Dienstherrn, auch dies ein Indiz dafür, daß in ein System nachteilig eingegriffen wird.[544] Schließlich entbindet die nur vermeintliche Einheit klinikärztlicher Tätigkeit nicht von der Aufgabe, den Wahlbehandlungsbereich von den sonstigen ärztlichen und nichtärztlichen Leistungen des Krankenhauses abzugrenzen. Auch geben die zitierten Urteile des Bundesverfassungsgerichts und des BGH nichts für die gegenständliche Frage her.

Somit besteht letztlich kein Grund, die Nebentätigkeit des beamteten Chefarztes im Rahmen der Wahlbehandlung anderen Grundsätzen zu unterwerfen als die Nebentätigkeit jedes anderen Beamten, der insoweit - wie auch der

---

[542] Oben bei Fn. 514.

[543] Siehe oben S. 39 f.

[544] Vgl. bereits oben S. 80.

Chefarzt bei ambulanter Behandlung von Privatpatienten[545] - allein nach
§ 823 BGB haftet.[546] Das Verweisungsprivileg kann in seiner auch die Haftung im Außenverhältnis belastenden Wirkung[547] außer Betracht bleiben.
Systemfremde Eingriffe zur Korrektur einer ansonsten drohenden Regress-
lücke sind nicht erforderlich.[548] Angesichts dieser Lage verwundert, daß die
Entscheidung des Bundesgerichtshofs im Schrifttum bisher nur Zustimmung
gefunden hat.[549]

Knüpft man hingegen für die dienstrechtliche Einordnung der Wahlbehandlung uneingeschränkt an die Ausgestaltung als Nebentätigkeit an, läßt sich
die Haftung nach § 823 BGB mit dem Oberlandesgericht Köln schlicht damit
begründen, daß der Chefarzt "bei seinen Pflichten aus dem Arztvertrag nicht
als Beamter der Hochschule des Landes, sondern außerdienstlich aufgrund
eines privaten Vertrags tätig geworden ist"[550].

Dies war auch offenbar die Auffassung des Oberlandesgerichts Bamberg als
Vorinstanz des BGH in einem weiteren zugunster Beamtenhaftung entschiedenen Fall.[551] Und "nur mit erheblichen Bedenken und allein im Interesse einer einheitlichen Behandlung gleichgelagerter Fälle" hat sich das
Oberlandesgericht Düsseldorf der Rechtsprechung des BGH angeschlos-
sen,[552] weshalb die Revision zugelassen worden ist.[553] Es bleibt zu hoffen,
daß der BGH - anders als in diesem Fall - die nächste sich bietende Gelegenheit zu einer Änderung seiner Rechtsprechung nutzen wird.

---

[545] So Rieger Rn. 771; offen gelassen in BGHZ 85, 393, 399.

[546] So bereits oben Fn. 492.

[547] Dazu oben S. 56 f.

[548] Siehe oben S. 80.

[549] Laufs NJW 1984, 1383, 1387; ders. Rn. 415; Rieger Rn. 774 und 776; Giesen S. 3 Fn. 10a;
Schmid S. 154.

[550] OLG Köln VersR 1978, 1025, 1026; ähnlich, wenngleich in anderem Zusammenhang,
Deutsch, Arztrecht S. 84, wonach der Chefarzt im Fall der Nebentätigkeit "privat tätig"
ist, und Luig S. 252 f., wonach der Chefarzt "nicht aufgrund von Pflichten tätig wird, die
auf seiner Anstellung im Krankenhaus beruhen"; vgl. auch Daniels NJW 1972, 305, 308
f., der sich gegen BGHZ 7, 1 wendet.

[551] BGH NJW 1984, 1400, 1402.

[552] Urteil vom 20.6.1985, Az. 8 U 183/84, S. 7 (nicht veröffentlicht).

[553] Vgl. BGH NJW 1986, 2883.

§ 7 Die Abgrenzung der wahlärztlichen von den sonstigen stationären Leistungen

I. Die Abgrenzung als grundlegende Aufgabe

Die besondere Bedeutung, die der Abgrenzungsproblematik bei der Haftung nach dem Trennungsmodell zukommt, ist bereits hervorgehoben worden. So sind es die damit für den Wahlleistungspatienten verbundenen Risiken, die den BGH bewogen haben, dem Kumulierungsmodell den Vorrang einzuräumen.[554]

Aber es ist nicht allein dieser Umstand, der eine erneute Auseinandersetzung mit dem bezeichneten Thema rechtfertigt. Im Rahmen des Kumulierungsmodells hängt von der Grenzziehung ab, wo die alleinige Zuständigkeit des Krankenhauses endet und der gemeinsame Verantwortungsbereich von Krankenhaus und Chefarzt beginnt; in diesem Bereich haftet der Chefarzt jedenfalls im Regreß.[555] Bei einheitlicher Vertragsgestaltung hängt von der Unterscheidung ab, ob für eine Leistung nach der GOÄ abgerechnet werden kann oder ob sie mit dem ermäßigten Pflegesatz abgegolten ist.[556]

Ist der liquidationsberechtigte Chefarzt dagegen Beamter, kommt nach der soeben dargestellten Auffassung eine gemäß § 839 BGB privilegierte Haftung nur dann in Betracht, wenn sonstige stationäre Leistungen erbracht werden.

---

[554] Siehe oben S. 54 ff.

[555] Oben S. 68.

[556] Dazu oben S. 18 ff.; vgl. auch Luxenburger, S. 83.

II. Abschichtung der Leistungsbereiche

1. Die sicher stationären Leistungen

Unstreitig gehören zu den sonstigen stationären Leistungen die Bereiche Pflege und Versorgung[557]. So scheidet eine Berührung des Wahlbehandlungsbereiches aus, wenn die Küche eine unverträgliche Speise zubereitet[558] oder der Pflegedienst wegen einer zu heißen Wärmflasche Verbrennungen verursacht.[559] Dasselbe gilt für den Fall, daß bei der Ausgabe von Medikamenten eine Verwechslung unterläuft.[560] Beschwerden wegen falscher Bettung gehören ebenfalls dazu.[561] Sofern der Chefarzt wegen unzureichender Anweisungen oder organisatorischen Mängeln mitverantwortlich ist, handelt er als Organ des Krankenhauses.[562]

Mittlerweile anerkannt ist ferner, daß die ärztliche Grundversorgung, d. h. die ärztliche Betreuung rund um die Uhr durch Stations- und Bereitschaftsdienste,[563] zu den Aufgaben des Krankenhauses gehört, die mit dem ermäßigten Pflegesatz abgegolten werden.[564] Damit steht aber lediglich fest, wer diese Dienste bereitzustellen und zu organisieren hat. Offen ist hingegen, wem eine auf Anweisung des Chefarztes von nachgeordnetem Personal ausgeführte Maßnahme zuzurechnen ist, insbesondere dann, wenn sie der Chefarzt abrechnen kann.

2. Die sicher wahlärztlichen Leistungen

Die spezifischen Behandlungsmaßnahmen[565] gehören in jedem Fall zur

---

[557]　Siehe oben S. 11; vgl. auch Schmid S. 129.

[558]　Beispiel bei Schlosshauer-Selbach NJW 1982, 1305, 1306 Fn. 19; vgl. auch oben S. 9 (Diät).

[559]　Beispiel bei Weyers, S. 12.

[560]　Vgl. BGHZ 5, 321, 324 und NJW 1984, 1400, 1402; Narr Rn. 895.

[561]　Vgl. Heinze/Jung MedR 1985, 62, 65 und oben S. 11.

[562]　Vgl. oben S. 12, 58 und 67.

[563]　Oben S. 10 f.

[564]　Seit BGH NJW 1962, 1763, dort freilich für den rechtsähnlichen Fall des Belegarztes entschieden; zur gegenwärtigen Praxis im Belegarztwesen unten S. 105 f.

[565]　Siehe oben S. 9.

Wahlbehandlung und zwar auch dann, wenn diese in Stellvertretung von einem nachgeordneten Arzt vorgenommen werden.[566] Ob auch die Nebenleistungen[567] dazu gehören, sofern sie der Chefarzt abrechnen kann, oder ob sie zu den sonstigen stationären Leistungen zählen, weil sie üblicherweise im Rahmen der Grundversorgung erbracht werden,[568] betrifft den streitigen Übergangsbereich.

3. Der Übergangsbereich

a) Delegation ärztlicher Maßnahmen

Die beiden soeben angesprochenen Fragen lassen sich unter dem Oberbegriff der Delegation ärztlicher Maßnahmen aus dem Nebenleistungsbereich zusammenfassen.[569] Die Zuordnung dieser Maßnahmen steht offensichtlich in einem Spannungsfeld, das einerseits durch die organisatorische Zugehörigkeit zu den sonstigen stationären Leistungen und andererseits durch die Abrechenbarkeit als Wahlarztleistung gekennzeichnet ist. Die Problematik wird weiter dadurch verschärft, daß eine Vielzahl der in Betracht kommenden Maßnahmen, nämlich Injektionen, Infusionen und Blutentnahmen, überwiegend von Pflegekräften ausgeführt werden,[570] die üblicherweise nicht als Hilfskräfte des Chefarztes gelten. Zwar können mittlerweile die Voraussetzungen, unter denen eine Delegation solcher Aufgaben an Pflegekräfte zulässig ist, als geklärt gelten.[571] Zu dem hier gestellten Problem, welchem Leistungsbereich ein Verschulden zuzurechnen ist, fehlt jedoch

---

[566] So - auf der Grundlage gespaltener Vertragsbeziehungen OLG Düsseldorf VersR 1984, 446, 448; OLG Köln VersR 1985, 844; Steffen S. 16; Weyers S. 30; vgl. auch Narr Rn. 1029; unzutreffend Loos KH 1984, 480, 481, der in Verkennung der Entscheidung BGH NJW 1962, 1763 den Fall der Stellvertretung dem nachgeordneten ärztlichen Dienst und damit dem Haftungsbereich des Krankenhauses zuordnet.

[567] Siehe oben S. 9 f.

[568] Hierzu oben S. 10.

[569] Zur einzelvertraglichen und gebührenrechtlichen Zulässigkeit der Delegation in diesem Bereich bereits oben S. 15 f.

[570] Vgl. bereits oben bei Fn. 34; nach Hahn NJW 1981, 1977 nehmen 80% des Krankenpflegepersonals intramuskuläre und intravenöse Injektionen vor.

[571] Vgl. Narr Rn. 860 und 890; ders. MedR 1989, 215, 216 f.; Rieger Rn. 893 ff. (zur Injektion), Baur/Hess S. 56; Hahn NJW 1981, 1977 ff.; zusammenfassend Laufs NJW 1984, 1384, 1387 und ders. Rn. 358; zuletzt OLG Köln MedR 1987, 192 = VersR 1988, 44.

entsprechendes Material. Nach der veröffentlichten Rechtsprechung hatte sich lediglich das Landgericht Aachen mit einem solchen Fall zu befassen.[572] Dies verwundert umso mehr, als gerade Komplikationen bei der Verabreichung von Injektionen statistisch einen Spitzenplatz einnehmen.[573]

b) Ärztliche und pflegerische Assistenz

Umstritten und bisher nicht verbindlich entschieden ist der Fall der ärztlichen oder pflegerischen Assistenz,[574] insbesondere bei Operationen. Das hierzu bisher vorliegende Rechtsprechungsmaterial betrifft bemerkenswerter Weise den Einsatz von Pflegepersonal, so das Aufziehen einer Narkosespritze durch die OP-Schwester,[575] die Nachlässigkeit der Zählschwester, die das Fehlen eines in der Operationswunde zurückgebliebenen Bauchtuches nicht bemerkt,[576] und die falsch angebrachte Elektrode durch einen Krankenpfleger.[577] Auch hier liegt ein gleiches Spannungsverhältnis vor. So hat das Krankenhaus die Aufgabe, das Assistenzpersonal zu stellen; es hat die Personalkosten zu tragen, die in die Pflegesatzberechnung eingehen. Auf der anderen Seite wird mit der Gebühr für die jeweilige Maßnahme das gesamte Leistungsbild, das bei der Operation auch den Einsatz von Assistenzkräften umfaßt, abgerechnet.[578]

---

[572] NJW 1976, 1155.

[573] Allgemein hierzu Hahn NJW 1981, 1977, 1978; danach werden an der Universitätsklinik Mainz jährlich über 1 Million Injektionen verabreicht; nach Bappert S. 119 stehen Komplikationen bei Injektionen, Infusionen und Medikation im Rahmen des ausgewerteten Materials statistisch an zweiter Stelle; vgl. auch Weyers S. 12.

[574] Siehe oben S. 8 und 10; vgl auch Schmid S. 129.

[575] OLG Hamburg VersR 1954, 125.

[576] BGH LM Nr. 24 zu § 278 BGB = VersR 1957, 806.

[577] OLG Köln VersR 1978, 1025.

[578] Beispielhaft die Gebührenziffern 3050 ff. der Anlage zur GOÄ: "Hat der Arzt ärztliche Leistungen unter Inanspruchnahme Dritter, die nach dieser Verordnung selbst nicht liquidationsberechtigt sind, erbracht, so sind die hiernach entstandenen Kosten ebenfalls mit der Gebühr abgegolten"; ferner Rieger Rn. 163 f.

c) Geräteversagen im Rahmen der Wahlbehandlung

Eine ähnliche Problemlage kann sich beim Einsatz medizinischer Geräte[579] im Rahmen der Wahlbehandlung ergeben. Die Bereitstellung dieser Geräte gehört zu den Aufgaben des Krankenhauses;[580] die entsprechenden Kosten gehen in den Pflegesatz ein. Auf der anderen Seite werden mit den Gebühren gemäß § 4 Abs. 3 S. 1 GOÄ auch die Kosten abgegolten, die mit der Anwendung von Instrumenten und Apparaten verbunden sind;[581] der bloße Einsatz von Geräten kann nur in Ausnahmefällen eigenständig abgerechnet werden.[582] Hinsichtlich einer möglichen Haftung muß dabei zwischen Wartungs- und Bedienungsfehlern unterschieden werden.

Die Wartung und Instandsetzung, also alle die Gerätesicherheit[583] betreffenden Aufgaben, obliegen dem Krankenhaus als dem Eigentümer[584]. Tatsächliche oder vermutete Fehler aus diesem Bereich[585] berühren somit nicht die Wahlbehandlung.

Anders verhält es sich mit Fehlern in der Bedienung[586]. Versagt das Gerät, weil es vorschriftswidrig gehandhabt wird, liegt entweder ein Assistenzverschulden oder ein Verschulden bei Ausführung einer delgierten Maßnahme vor. Damit ist die bereits erwähnte Abgrenzungsproblematik angesprochen, weshalb das Geräteversagen keiner eigenständigen Behandlung bedarf.[587]

---

[579] Allgemein hierzu Deutsch, Arztrecht S. 86 f.; Baur/Hess S. 62 ff.; eine nennenswerte Judikatur liegt hierzu offenbar nicht vor, vgl. Weyers S. 32.

[580] Dazu bereits oben S. 7.

[581] Die sich aus § 6 a GOÄ ergebende Minderungspflicht (oben S. 19) gleicht diesen Anteil nicht vollständig aus.

[582] So nach Nr. 414 f. (assistierte und/oder kontrollierte apparative Beatmung) und 440 (intensivmedizinische Überwachung und Behandlung eines Patienten auf der Intensivstation eines Krankenhauses) der Anlage zur GOÄ.

[583] Vgl. hierzu das Gerätesicherheitsgesetz in der Fassung vom 13.8.1979 (BGBL I S. 1432) und die Verordnung über medizinisch-technische Geräte vom 14.1.1985 (BGBL. I S. 93).

[584] Vgl. Lippert NJW 1984, 2606, 2608 und 2611.

[585] Nach dem Referentenentwurf zur Verordnung über medizinisch-technische Geräte entfallen hierauf 65-70% der Störfehler; nach anderen Schätzungen jedoch nur knapp 30%, vgl. Hahn NJW 1986, 752, 753 Anm. 10.

[586] Die Schätzungen liegen zwischen 20% und 64%, vgl. Hahn a.a.O.

[587] In den maßgeblichen Fällen wird jedoch häufig ein Mitverschulden des Krankenhauses gegeben sein, weil ihm im Rahmen der Organisationspflicht die Ausbildung und Anleitung des Bedienungspersonals obliegt; vgl dazu Lippert NJW 1984, 2606, 2611.

III. Bisher vertretene Lösungsansätze

1. Ausgangspunkt: Die Haftung nach dem Trennungsmodell

Das bisher in Rechtsprechung und Literatur vorliegende Material befaßt
sich sich allein mit der Außenhaftung im Rahmen gespaltener Vertragsbeziehungen: Wie weit gehen die Pflichten des Krankenhauses im Rahmen der
sonstigen stationären Leistungen und wo beginnt die alleinige Verantwortung des Chefarztes? Es ist zu prüfen, ob sich darin ein Ansatz finden läßt,
der allgemein zu überzeugen vermag.

2. Anstellungsverhältnis oder Einschaltungswille

Als überholt können die Versuche gewertet werden, die eine Abgrenzung
danach vornehmen wollen, ob die tätig gewordene Person in einem Dienst-
oder Anstellungsverhältnis zum Chefarzt oder zum Krankenhaus steht.[588]
Auch der Einschaltungswille[589] erweist sich als Kriterium untauglich[590].

3. Die Vorstellung des Patienten als Leitlinie der Abgrenzung

Durchgesetzt hat sich demgegenüber die Auffassung des BGH, der auf den
jeweiligen Inhalt der vertraglichen Verpflichtungen von Chefarzt und Krankenhaus abstellt.[591] Hierbei wird - ähnlich der Vorgehensweise, mit welcher
der Vorrang des Kumulierungsmodells begründet worden ist[592] - von der
Erwartungshaltung des Patienten ausgegangen, der annimmt, daß "ihm durch
das Krankenhaus alle diejenige erforderliche Heilbehandlung zuteil wird, die
nicht durch den behandlenden Arzt, sondern nur mittels der personellen und
sachlichen Einrichtungen eines Krankenhauses gewährt zu werden pflegt,
z. B. Verabfolgung von Medikamenten, Injektionen, Bestrahlungen und

---

[588] Hierzu vgl. R. Eichholz S. 111 m. N.

[589] Westermann JuS 1961, 333, 339.

[590] Ablehnend Uhlenbruck NJW 1964, 2187, 2189; Kleinewefers/Wilts NJW 1965, 332, 333;
Daniels NJW 1972, 305, 306; R. Eichholz a. a. O. (Fn. 588); Schmid S. 130.

[591] Vgl. Daniels a. a. O.

[592] Siehe oben S. 50 f.

vieles andere mehr"[593]. In Fortsetzung dieser Linie ist entschieden worden, daß die Überwachung und Betreuung des Patienten in Abwesenheit des liquidationsberechtigten Arztes zum Leistungsbereich des Krankenhauses gehöre.[594] Diese Rechtsprechung hat breite Zustimmung gefunden.[595]

Richtet man sich an diesen Grundsätzen aus, so erscheint auch im Fall der Delegation ärztlicher Maßnahmen aus dem Grund- und Nebenleistungsbereich das Krankenhaus als Leistungsträger,[596] da sich diese Tätigkeiten von anderen die auf eigenständigen Entschließungen von Bereitschafts- oder Stationsärzten beruhen,[597] aus der Sicht des Patienten nicht augenfällig unterscheiden. Es könnte allenfalls fraglich sein, ob der Chefarzt für delegierte Maßnahmen nachträglich liquidieren darf.[598]

Im Fall der Assistenz läßt sich freilich keine eindeutige Abgrenzung finden. Wertet man die Assistenz als unselbständigen Bestandteil der ärztlichen Maßnahme, der sie dient, wird der Chefarzt zum Leistungsträger.[599] Käme der Assistenz ein eigenständiger Charakter zu, müßte man bei gleichem Ansatz zum gegenteiligen Ergebnis kommen. Denkbar wäre auch, die pflegerische Mitwirkung dem Krankenhaus und die ärztliche Mitwirkung dem

---

[593] BGHZ 5, 321, 323 f.; der Fall betraf eine vom Chefarzt angeordnete und von einem Assistenzarzt durchgeführte Bluttransfusion, bei welcher der Assitenzarzt des Spenderblut nicht den vorgeschriebenen Kontrollen unterworfen hatte; der Patient infizierte sich daraufhin mit Lues.

[594] BGH NJW 1962, 1763 f.

[595] Laufs Rn. 404 f.; Luig S. 255; R. Eichholz S. 107 ff.; Narr Rn. 895; Rieger Rn 775; Roos S. 318 f.; Uhlenbruck NJW 1964, 2187 ff.; Daniels NJW 1972, 305 ff,; ablehnend Kleinewefers/ Wilts NJW 1963, 2345, 2347; dies. VersR 1964, 201, 205 und NJW 1965, 332, 334.

[596] So das LG Aachen NJW 1976, 1155, 1156: "Wenn aber schon zu dem nachgeordneten ärztlichen Dienst die Überwachung und Betreuung des Patienten während der Abwesenheit des Belegarztes ... gehört, dann erst recht die Verabreichung des verordneten Medikaments durch das Krankenhauspersonal. Der (Chefarzt) hat demgemäß nur für die Richtigkeit seiner Anweisung, nicht aber für die Richtigkeit der Durchführung seiner Anweisungen einzustehen, soweit diese berechtigterweise dem Krankenhauspersonal gegeben worden sind."

[597] Vgl. BGH NJW 1962, 1763, 1764.

[598] Ablehnend das LG München für den rechtsähnlichen Fall physikalisch-medizinischer Leistungen, die als Krankenhausleistungen konzipiert waren und die auf Weisung eines Belegarztes erbracht wurden, mitgeteilt im Rechenschaftsbericht S. 51.

[599] In diesem Sinne Geigel (17. Auflage) S. 1184.

Chefarzt zuzuordnen.[600] Ebenso könnte, abhängig von der Bedeutung der jeweiligen Mitwirkung, im einen Fall - etwa der ärztlichen Assistenz durch den 2. oder 3. Operateur - eine Chefarztleistung, im anderen Fall - etwa der Leistung der Zählschwester - eine Krankenhausleistung angenommen werden.[601] Das Oberlandesgericht Hamburg ist sogar noch einen Schritt weiter gegangen, indem es die Grenzlinie zwischen zwei an sich zusammengehörenden Verrichtungen zog: dem Aufziehen einer Spritze als Krankenhausleistung und der Spritzenkontrolle als Chefarztleistung.[602] Demgegenüber strebt der BGH eine ganzheitliche Zuordnung an,[603] ohne aber - so im Fall des Zählschwesterversehens - eine klare Entscheidung zu treffen.[604] Auch mit anderen Hilfserwägungen - wem obliegt die Aufsicht über das assistierende Personal,[605] wer kontrolliert es bei der jeweiligen Verrichtung[606] - oder einer Unterscheidung nach der "Üblichkeit"[607] sind bisher keine eindeutigen Ergebnisse gefunden worden.[608] Nur löst die häufig daraus gezogene Folgerung, Chefarzt und Krankenhaus hafteten umfassend - oder jedenfalls im Rahmen der Assistenz - als Gesamtschuldner,[609] allein das Problem der Haftung bei gespaltener Vertragsgestaltung. Für den Innenausgleich ließe sich allenfalls eine geteilte Verantwortlichkeit von Chefarzt und Krankenhaus ableiten, ein Ergebnis, das einer Festlegung ausweicht und im Grunde Kompromißcharakter hätte.

---

[600] So für den Belegarzt R. Eichholz S. 113, 115 unter Hinweis auf eine entsprechende Entscheidungsbefugnis des Belegarztes; tendenziell ebenso Schmid S. 134 ff.

[601] Gegen eine generelle Differenzierung nach ärztlicher oder pflegerischer Assistenz freilich BGH NJW 1962, 1763, 1764; abweichend Rieger Rn. 775.

[602] VersR 1954, 125, 126; es hat dabei auf die jeweilige Arbeitssphäre des Krankenhauses und des Chefarztes abgehoben; ebenso Narr Rn. 895.

[603] BGH LM Nr. 24 zu § 278 BGB Bl. 3 gegen die Entscheidung des OLG Hamburg.

[604] Er hält a.a.O. Bl. 3 R sowohl eine Zuordnung zum Krankenhaus als auch eine Zuordnung zum Chefarzt sowie eine doppelte Gehilfenstellung für möglich; der Fall wurde zur weiteren Aufklärung an das Berufungsgericht zurückverwiesen.

[605] Giesen, Arzthaftungsrecht S. 50.

[606] Vgl. Luig, S. 256.

[607] Vgl. Kleinewefers/Wilts NJW 1965, 332, 333; dies. VersR 1964, 201, 203; R. Eichholz S. 109 (beide im Ergebnis ablehnend); kritisch ebenso Kern VersR 1981, 316, 317.

[608] Ablehnend insgesamt Uhlenbruck NJW 1964, 2187, 2190; Daniels NJW 1972, 305, 306 f; Schmid S. 129 f.

[609] Dazu bereits oben Fn. 348.

4. Fortentwicklung zu einem geschlossenen Regel-Ausnahme-System

Die bezeichnete Patt-Situation könnte vermieden werden, wenn man - ähnlich der Lösung des BGH zum Verhältnis zwischen Kumulierungs- und Trennungsmodell[610] - einen grundsätzlichen Vorrang zugunsten der Leistungspflicht des Krankenhauses annimmt und ihm die Pflicht auferlegt, eine abweichende Regelung hinreichend deutlich zu vereinbaren.[611] Zum Inhalt des Wahlbehandlungsvertrags müßte dann die Bestimmung gemacht werden, daß Verrichtungen nachgeordneten Personals im Rahmen der Assistenz und delegierter Behandlungsmaßnahmen zur Wahlbehandlung gehören. Fehlt eine solche Bestimmung, würden diese Leistungen zu den sonstigen stationären Leistungen zu rechnen sein.

IV. Neuansatz anhand pflegesatzrechtlicher Bestimmungen

1. Beschränkung der Privatautonomie durch die Bundespflegesatzverordnung

Die bisher dargestellten Lösungswege haben alle zur Voraussetzung, daß die Partner des Wahlbehandlungsverhältnisses darüber bestimmen können, was zu den wahlärztlichen und was zu den sonstigen stationären Leistungen gehören soll. Als der BGH in der oben erwähnten Entscheidung die Vorstellung des Patienten zur Leitlinie der Abgrenzung erhob,[612] galt diese Voraussetzung noch uneingeschränkt. Die Verhältnisse haben sich jedoch mit Erlaß der Bundespflegesatzverordnung grundlegend geändert. Nicht nur Bündelungsprinzip und Koppelungsverbot[613] schränken die Privatautonomie der Vertragspartner ein; auch die Bestimmungen über den Umfang der allgemeinen Krankenhausleistungen bei vereinbarter Wahlbehandlung können in diesem Sinne verstanden werden. Dementsprechend gelten die Kran-

---

[610] Siehe oben S. 50.

[611] So läßt das OLG Köln in VersR 1978, 1025, 1026 Unklarheiten - im entschiedenen Fall prozessualer Art - zum Nachteil des Krankenhauses gehen; ähnlich Steffen S. 7 f. und 19, der dem Krankenhaus die Möglichkeit geben will, die Assistenz aus seinem Verantwortungsbereich auszugrenzen; vgl. auch Weyers S. 30, der zurecht darauf hinweist, daß der Krankenhausbehandlungsvertrag Zweifelsfragen meistens nicht behebt.

[612] Siehe oben Fn. 593; die Entscheidung stammt aus dem Jahre 1952.

[613] Siehe oben Fn. 196 und 197.

kenpflegesätze unmittelbar für die Parteien des privatrechtlichen Krankenhausaufnahmevertrags, ohne daß es einer Einbeziehung bedarf[614]

Für das Verhältnis von Belegarzt- und allgemeinen Krankenhausleistungen
ist in § 2 Abs. 3 S. 2 BPflV in der seit 1.1.1985 geltenden Fassung eine solche Bestimmung ausdrücklich getroffen worden, wonach "Leistungen des
Belegarztes sind

1. seine persönlichen Leistungen,

2. der ärztliche Bereitschaftsdienst für Belegpatienten,

3. die von ihm veranlaßten Leistungen nachgeordneter Ärzte des
   Krankenhauses, die bei der Behandlung seiner Belegpatienten in
   demselben Fachgebiet wie der Belegarzt tätig werden ...".

Eine entsprechende Bestimmung gibt es für den liquidationsberechtigten
Chefarzt zwar nicht. Da aber nach § 8 BPflV bei Wahl- und Belegarztbehandlung ein jeweils gleicher Pflegesatzabschlag von 5% gilt, ist zu
fragen, ob nicht die wahlärztlichen Leistungen in ähnlicher Weise von den
sonstigen stationären Leistungen abzugrenzen sind.

Dieser Ansatz erfordert ein Umdenken. Üblicherweise wird ausgehend vom
Leistungsinhalt der Umfang der Vergütungspflicht bestimmt. Die Bundespflegesatzverordnung verlangt ein umgekehrtes Vorgehen: Vom vorgegebenen Umfang der Gegenleistungspflicht gilt es, den Inhalt der jeweiligen
Leistungspflichten festzustellen. Nur auf diese Weise ist gewährleistet, daß
Leistung und Gegenleistung einander entsprechen.

2. Vorbild: das Modell Weissauers und Hirschs

Weissauer/Hirsch haben auf den beschriebenen Zusammenhang im Rahmen
ihrer Untersuchung zum Nutzungsentgelt der Hochschulkliniker erstmals -

---

[614] BGHZ 105, 160 = NJW 1988, 2951 = MedR 1989, 33.

wenngleich nur beiläufig - hingewiesen.[615] Die Grundversorgung wird jedoch aufgrund allgemeiner Erwägungen den sonstigen stationären Leistungen zugeordnet.[616] Ausgehend von dem damals in Nordrhein-Westfalen noch gültigen Pflegesatzabschlag von weniger als 5% (mittlerer Pflegesatz)[617] kommen Weissauer/Hirsch für den verbleibenden Bereich der spezifischen ärztlichen Leistungen und Nebenleistungen[618] zu dem Ergebnis, daß allein der persönliche Einsatz des Chefarztes Grund der Ermäßigung ist und somit den Gegenstand der Wahlbehandlung ausmacht.[619]

Weissauer/Hirsch gelingt auf diese Weise, den Umfang der nach GOÄ berechenbaren Leistungen des Chefarztes und des an das Krankenhaus abzuführenden Nutzungsentgelts in einem geschlossenen Regelkreis aufeinander abzustimmen.[620] Danach ist nicht nur die Grundversorgung im Pflegesatz abgegolten, sondern der gesamte nachgeordnete Dienst, so daß zur Wahlbehandlung nur die spezifischen Leistungen des Chefarztes - oder seines Vertreters - gehören. Bei der Liquidierung dieser Leistungen darf der Chefarzt nicht den vollen Gebührensatz berechnen, da die allgemeinen personellen und sächlichen Praxiskosten, die gemäß § 4 Abs. 3 GOÄ Bestandteil der Gebühren sind, nicht ihn betreffen.[621] Für den Ansatz von Arztpersonalkosten bleibt somit nur dann Raum, wenn sie dem Chefarzt über das Nutzungsentgelt oder die Mitarbeiterbeteiligung in Rechnung gestellt werden.[622] Auf die in Nordrhein-Westfalen maßgeblichen Verhältnisse bezogen wird freilich eine Pflicht zur Zahlung von Nutzungsentgelt verneint, weil die Mitarbeit von Arztpersonal entweder in Nebentätigkeit erfolge oder im Pflegesatz abgegolten sei, weshalb es am Merkmal der Inanspruchnahme

---

[615] Weissauer/Hirsch S. 20; ähnlich - für den Belegarzt bei Mitarbeit nachgeordneten Personals - R. Eichholz S. 100; Schmid kontrolliert S. 137 f. die von ihr bevorzugte Abgrenzung (oben Fn. 600) anhand pflegesatzrechtlicher Vorgaben.

[616] Weissauer/Hirsch S. 21; vgl. dazu bereits oben bei Fn. 564.

[617] Vgl. oben S. 19.

[618] Vgl. oben S. 9 f.

[619] Weissauer/Hirsch S. 22 ff., 43.

[620] Weissauer/Hirsch S. 40 ff.

[621] Weissauer/Hirsch S. 33 f.; die in § 6 a GOÄ geregelte Minderungspflicht ist erst zum 1.1.1985 Gesetz geworden.

[622] Weissauer/Hirsch S. 35; der Patient wird auf diese Weise davor bewahrt, Sach- und Personalkosten doppelt zu bezahlen, nämlich im Pflegesatz und im Arzthonorar.

sachlicher oder personeller Mittel fehle.[623] Der in § 18 Abs. 6 BPflV a. F. enthaltenen Kostenerstattungspflicht wird nur buchungstechnische Bedeutung beigemessen.[624]

Sowohl die Assistenz als auch delegierte Maßnahmen, die den Nebenleistungsbereich betreffen, würden danach zu den sonstigen stationären Leistungen gehören.

3. Abgrenzung auf der Grundlage des geltenden Pflegesatzrechts

a) Gesetzliche Vorgaben

Die Novellierung der Bundespflegesatzverordnung und der GOÄ stimmt in zahlreichen Bezügen mit dem Ansatz Weissauers und Hirschs überein. So ist in § 8 S. 1 Nr. 2 BPflV nunmehr ein Wahlarztabschlag von 5% des allgemeinen Pflegesatzes vorgesehen; und gemäß § 6 a GOÄ ist der Chefarzt seit dem 1.1.1985 verpflichtet, sein Honorar um 15% zu ermäßigen. Dabei war das Ziel der Reform, den Wahlleistungspatienten vor einer doppelten Zahlungspflicht zu bewahren.[625]

In einem wesentlichen Punkt weicht jedoch die Neufassung der Bundespflegesatzverordnung von der Modellvorstellung Weissauers und Hirschs ab. Dieser betrifft die in § 11 Abs. 3 und § 13 Abs. 3 Nr. 6 BPflV geregelte Erstattungspflicht.[626] Sie kann nicht - wie bei Weissauer/Hirsch[627] - als buchungstechnische Regelung aufgefaßt werden. Ist aber für die Kosten der wahlärztlichen Leistungen tatsächlich eine am Wahlarztabschlag ausgerichtete Erstattung zu leisten, kann dieser Abschlag nicht allein die persönlichen Leistungen des Chefarztes und seines Vertreters abgelten, auch wenn deren Einsatz über das dem Beamten an sich gestattete Maß hinausgeht und nicht

---

[623] Weissauer/Hirsch S. 41, 54 ff.

[624] Weissauer/Hirsch S. 16 f.; a. A. wohl Narr Rn. 1040 und 1042.

[625] Vgl. Narr Rn. 1040; Brück, § 6 a GOÄ S. 99; Herzog/ Schlauss Arztrecht 1985, 121; siehe auch oben S. 19 f.

[626] Dazu bereits oben S. 20.

[627] Oben bei Fn. 623.

gesondert erfaßbar ist.[628] Es müssen vielmehr Beiträge des nachgeordneten Personals jedenfalls teilweise eingerechnet sein,[629] sodaß die Zuordnung der Assistenz und delegierter Maßnahmen, ja sogar des Grundleistungsbereiches, wieder offen ist.

Dabei sind die vom nachgeordneten Personal geleisteten Beiträge auch dann zu berücksichtigen, wenn deren Mitarbeit als Nebentätigkeit ausgestaltet ist;[630] denn nur formell entsteht dabei dem Krankenhaus kein ausgleichungspflichtiger Aufwand, während sachlich kein Unterschied zum Fall der dienstlichen Ausgestaltung besteht: Die Mitwirkung geschieht jeweils im Rahmen der Dienstzeiten und muß nicht nachgearbeitet werden.[631]

Die Honorarminderungspflicht nach § 6 a GOÄ, die nach dem Modell Weissauers und Hirschs auch wegen der im Pflegesatz abgegoltenen Arztpersonalkosten besteht,[632] kann sich dementsprechend nur auf einen anderen Kostenanteil beziehen, der überwiegend Sachaufwendungen betrifft: Apparate, Instrumente, Verbrauchsmaterial und nichtärztliches Personal wie Arztschreibkräfte.[633] § 6 a GOÄ kommt insoweit der schon vor seiner Einführung erhobenen Forderung nach, daß wegen der im Pflegesatz erfaßten *Sach*leistungen ein Abzug bei der ärztlichen Liquidation zu machen sei.[634]

---

[628] Dazu bereits oben S. 87.

[629] Vgl. oben S. 19, wonach der Verordnungsgeber davon ausgeht, daß der Abschlag von 5% des allgemeinen Pflegesatzes etwa 1/3 der Arztpersonalkosten entspricht; Weissauer/Hirsch S. 23 gehen von einem Anteil von 20% aus.

[630] Dazu bereits oben S. 88.

[631] Auf die besondere Funktion der nebentätigkeitsrechtlichen Ausgestaltung, nämlich dem beamteten Arzt eine Mitarbeiterbeteiligung zukommen zu lassen, ist bereits oben a. a. O. hingewiesen worden.

[632] Weissauer/Hirsch S. 34 f.

[633] Vgl. Brück, § 6 a GOÄ S. 101, 107, der ärztliches Personal ausnimmt; zu den Arztschreibkräften vgl. Weissauer/ Hirsch S. 25.

[634] Wohlhage S. 150 f.; Ulsamer S. 108 f.; Diederichsen S. 143; Rieger Rn. 339; Dieterich S. 112; fakultativ Gitter S. 49 f.; vgl. auch Nr. 10.2 der Verwaltungsvorschriften zur HNTVO BW vom 9.9.1982 (Wissenschaft und Kunst S. 446), wonach der "liquidationsberechtigte Arzt ... bei der Festsetzung der persönlichen privatärztlichen Vergütung die im allgemeinen Pflegesatz enthaltenen Leistungen ... angemessen zu berücksichtigen" hat.

b) Ausrichtung an den Belegarztleistungen

Wegen der Frage, welche Leistungen - über den persönlichen Einsatz des Chefarztes hinaus - vom Wahlarztabschlag erfaßt und somit dem Wahlbehandlungsbereich zugeordnet werden, bietet sich eine entsprechende Anwendung der Regelungen, wie sie für den Belegarzt gelten, an.[635] Diese Erwägung leuchtet unmittelbar ein, soweit es um die persönlichen Leistungen des Chefarztes und die von ihm veranlaßten Leistungen nachgeordneter Ärzte des Krankenhauses geht (Delegation von Nebenleistungen). Die auf das Fachgebiet bezogene Beschränkung im Fall des Belegarztes müßte im Rahmen der Wahlbehandlung auf die vom Chefarzt geleitete Abteilung eingegrenzt werden.

Bedenken bestehen freilich, soweit dem Chefarzt bei sinngemäßer Anwendung auch der ärztliche Bereitschaftsdienst obliegen würde.[636] Dies würde insoweit eine Kehrtwende bedeuten, als die Grundversorgung, d. h. die ärztliche Betreuung des Patienten rund um die Uhr, entgegen der bisherigen gefestigten Auffassung[637] nunmehr zu den wahlärztlichen Leistungen zu zählen wäre. Jedoch ist bereits fraglich, ob die Ausgangsfeststellung, nämlich die Übernahme des Bereitschaftsdienstes durch den Belegarzt, in dieser Allgemeinheit zutrifft. Vor der Novellierung der Bundespflegesatzverordnung war es nur in reinen Belegkrankenhäusern üblich gewesen, daß die Kosten des Bereitschaftsdienstes von den Belegärzten zu tragen waren;[638] dementsprechend enthielt der sog. "kleine Pflegesatz" keine Arztpersonalkosten.[639] In gemischten Krankenhäusern mit eigenen und Belegabteilungen gingen die Vorhaltekosten für den Bereitschaftsdienst in den Pflegesatz ein.[640] In der Tat ist es nicht sinnvoll, die Zuständigkeit des in der Regel

---

[635] Siehe oben S. 101.

[636] Ebenda.

[637] Siehe oben Fn. 564.

[638] Hess MedR 1986, 213, 214; vgl. auch B IV Nr. 5 f. und 8 der Grundsätze für die Gestaltung von Verträgen zwischen Krankenhausträgern und Belegärzten bei Reinald Eichholz S. 189 f.

[639] Siehe oben S. 18; vgl. auch R. Eichholz S. 103 f.

[640] Hess a.a.O. ; die Kostenerstattung würde danach auf die Inanspruchnahme eines solchen Dienstes zur Erbringung abrechnungsfähiger Leistungen beschränkt; ebenso für den Sonderfall der entsprechenden Anwendung von § 3 Abs. 2 S. 1 BPflV a. F. auf eine Privatklinik das VG SchleswigHolstein MedR 1985, 134 ff. = Arztrecht 1985, 230 f. und in der

übergreifend organisierten Bereitschaftsdienstes vor den Belegabteilungen enden zu lassen. Deshalb spricht vieles dafür, die in § 2 Abs. 3 S. 2 Nr. 2 BPflV enthaltene Anordnung für die Belegarztleistungen in gemischten Krankenhäusern einschränkend dahin auszulegen, daß nur die Sicherstellung fachärztlicher Versorgung Aufgabe des Belegarztes im Rahmen des Bereitschaftsdiensts ist.[641] Dazu würde es ausreichen, daß der Belegarzt oder ein von ihm bestellter Facharzt die Rufbereitschaft übernimmt, während auf der Abteilung nachgeordnete Ärzte eingesetzt sind.[642]

Trifft dies auf den Belegarzt zu, stehen einer Übertragung dieser Grundsätze auf den Fall der Wahlbehandlung keine Hindernisse entgegen: Der Einsatz des vor Ort tätigen Bereitschaftsdienstes gehört zu den mit dem Pflegesatz abgegoltenen stationären Leistungen, während die Rufbereitschaft dem Chefarzt oder seinem Vertreter als Wahlarztleistung obliegt. Dem entspricht auch die vertraglich geschuldete Pflicht, daß die spezifischen Behandlungsmaßnahmen persönlich vom Chefarzt zu erbringen sind;[643] denn solche Maßnahmen sind gefragt, wenn die Kompetenz der im Krankenhaus eingesetzten Bereitschaftsärzte überschritten ist und der in Rufbereitschaft stehende Arzt angegangen wird.

Wollte man anders entscheiden, ergäbe sich die - für Beleg-und Wahlbehandlung gleichermaßen - mißliche Folge, daß eine zweifellos erbrachte Leistung infolge ihrer Zuordnung zum Beleg- oder Wahlbehandlungsbereich ohne Entgeltregelung bliebe; denn für das bloße Vorhalten des Bereitschaftsdienstes gibt es keine eigenständige Ziffer im Gebührenverzeichnis oder in den Bewertungsmaßstäben für die kassenärztliche Versorgung.[644] Eine solche Gebührenziffer zu schaffen,[645] wäre systemfremd, da mit ihr

---

Revision BVerwG MedR 1987, 252, 254; a. A. das OVG Lüneburg MedR 1986, 211 als Berufungsgericht.

[641] A. A., wenngleich nicht ganz konsequent Hess a.a.O. S. 215; das BVerwG läßt a.a.O. die Frage ausdrücklich offen.

[642] So Wohlhage S. 117.

[643] Siehe oben Fn. 85.

[644] Vgl. Weissauer/Hirsch S. 22; Hess a.a.O. (Fn. 638), S. 215.

[645] Dahin tendierte das OVG Lüneburg a.a.O. (Fn. 640).

keine ärztliche Verrichtung, sondern pauschale Unkosten abzugelten wären.[646]

4. Konkrete Bestimmung der wahlärztlichen Leistungen

a) Persönliche Leistungen des Chefarztes

Der Aufzählung in § 2 Abs. 3 S. 2 BPflV folgend gehören zur Wahlbehandlung die vom Chefarzt - oder seinem Vertreter - persönlich zu erbringenden spezifischen Leistungen. Hinzu tritt für den Chefarzt die Pflicht, die Rufbereitschaft für Wahlleistungspatienten zu übernehmen.[647]

b) Vom Chefarzt veranlaßte Leistungen nachgeordneten Personals seiner Abteilung

Zu den wahlärztlichen Leistungen gehören ferner die Maßnahmen, die der Chefarzt im Wege zulässiger Delegation[648] nachgeordnetem Arzt- oder Pflegepersonal[649] überträgt. Dabei handelt es sich regelmäßig um Nebenleistungen, die nicht vom Chefarzt persönlich erbracht zu werden brauchen,[650] oder um Anweisungen des in Rufbereitschaft stehenden Chefarztes an den Bereitschaftsarzt.

Die Liquidationsbefugnis ergibt sich im Verhältnis zum Wahlarztpatienten vertraglich aus § 613 BGB, wonach die geschuldeten Leistungen nur im Zweifel in Person zu leisten sind, und gebührenrechtlich aus § 1 Abs. 2 GOÄ, wonach er auch veranlaßte Leistungen anderer Personen abrechnen darf, die seiner Aufsicht und Weisung unterstehen.[651]

---

646 Hess a.a.O. S. 215.

647 Wie oben bei Fn. 642.

648 Hierzu allgemein Narr Rn. 995.

649 Siehe hierzu auch oben S. 8 und 16.

650 Oben S. 15 f.

651 Hierzu allgemein oben S. 15 f.; auf die damit zugleich gemeinte haftungsrechtliche Verantwortung weist zutreffend Laufs Rn. 71 hin.

c) Abgrenzung beider Bereiche zur Grundversorgung als sonstige stationäre Leistung

Zur Grundversorgung gehört die ärztliche Betreuung und Kontrolle rund um die Uhr. Sie wird während der gewöhnlichen Dienstzeiten durch das Stationspersonal, danach durch Bereitschafts- und Nachtpersonal geleistet. Soweit Ärzte im Stations- oder Bereitschaftsdienst aufgrund eigener Entschliessungen tätig werden,[652] ist allein die Grundversorgung betroffen. Hierzu ist etwa an den Fall zu denken, daß der Stations- oder Bereitschaftsarzt an das Bett des Wahlleistungspatienten gerufen wird, der über Beschwerden klagt.[653] Er muß prüfen, ob eine ernsthafte Verschlimmerung des Gesundheitszustandes vorliegt oder ob routinemäßige Maßnahmen zur Linderung der Beschwerden - Verabreichung von Schmerz- oder Beruhigungsmitteln, andere Lagerung etc. - ausreichen.

Der Wahlbehandlungsbereich wird erst dann berührt, wenn der Chefarzt eingeschaltet wird, sei es, daß er Dienst hat oder in Rufbereitschaft steht. Ein Abgrenzungsproblem entsteht in dem Fall, daß der Chefarzt nicht persönlich eingreift, sondern eine Anordnung erteilt, die von nachgeordnetem Arzt- oder Pflegepersonal ausgeführt wird. Sofern diese Anordnung keinen Raum für eine eigenständige Entschließung des ausführenden Arzt- oder Pflegepersonals läßt,[654] liegt ein Delegationsfall vor, da die Verantwortung beim Chefarzt liegt. Dabei gehört die entsprechende Maßnahme auch dann zur Wahlbehandlung, wenn sie - ohne Rücksprache - vom Stations- oder Bereitschaftsarzt hätte angeordnet werden können.[655] Anders verhält es sich nur, wenn sich der Chefarzt auf die Feststellung beschränkt, daß eine ernsthafte Verschlimmerung des Gesundheitszustandes nicht vorliegt, und es im übrigen dem Stations- oder Bereitschaftsdienst überläßt, lindernde Maßnahmen zu treffen.

Somit ist die Grenzlinie zwischen Grundversorgung und wahlärztlichen Leistungen nicht durchweg nach allgemeingültigen Kriterien zu finden, sondern

---

[652] Hierauf hebt der BGH in seiner grundlegenden Entscheidung NJW 1962, 1763 f. ab; siehe oben Fn. 564.

[653] Vgl. hierzu oben S. 8.

[654] Vgl. dazu oben bei Fn. 652.

[655] Beispiel: Der Chefarzt verordnet die Gabe eines Schmerz- oder Beruhigungsmittels.

hängt teilweise von der Willensbetätigung des Chefarztes ab.[656] Dieses Element ist aber im Begriff der Delegation eingeschlossen. Es führt auch nicht zu unbilligen Ergebnissen; denn delegiert der liquidationsberechtigte Chefarzt eine Maßnahme, die nicht sachgerecht durchgeführt wird, so trifft ihn die Haftung zurecht, da ihm das entsprechende Honorar zusteht.[657] Zieht er die Maßnahme nicht an sich, sondern überläßt er sie den im Rahmen der Grundversorgung tätigen Ärzten, ist das Krankenhaus zurecht allein haftbar, da die Entscheidung seinem Tätigkeitsbereich zuzuordnen ist.[658] In Zweifelsfällen kann den Ausschlag geben, ob der Chefarzt eine Registrierung der Maßnahme in der bei ihm geführten Patientenkartei veranlaßt hat; denn sie ist Grundlage einer späteren Liquidation.

Die gleichen Grundsätze müssen gelten, wenn der Chefarzt im Rahmen der ihm obliegenden Kontrolle - etwa anläßlich einer Untersuchung oder bei der Visite - Maßnahmen anordnet, die später - auch über einen längeren Zeitraum hinweg - von nachgeordnetem Personal ausgeführt werden.[659] Ein solcher Sachverhalt wird dem Urteil des Landgerichts Aachen zugrunde gelegen haben[660]. Im Gegensatz zu der dort getroffenen Entscheidung wird man die bei der Injektion unterlaufene Medikamentenverwechslung qua Delegation dem Wahlbehandlungsbereich zuzuordnen haben, ohne zwischen der Richtigkeit der Anweisung und der Richtigkeit der Ausführung unterscheiden zu müssen.[661] In allen Fällen ist ohne Bedeutung, ob die delegierte Maßnahme vom Arzt - oder - in den zulässigen Grenzen - von Pflegepersonal ausgeführt wird.[662]

---

[656] Hierzu als umfassendem Kriterium R. Eichholz S. 113 f.

[657] Vgl. auch Narr Rn. 1016 S. 622.2 für den Sonderfall, daß der Chefarzt physikalisch-medizinische Leistungen angeordnet hat und abrechnen darf; zum gegenwärtigen Stand ders. MedR 1989, 215, 217 f.

[658] So Narr a.a.O. für den Fall, daß dem anordnenden Chefarzt keine Liquidationsbefugnis zusteht.

[659] Bedenken gegen die Abrechenbarkeit - der anordnenede Arzt müsse zumindest erreichbar sein - bei Narr MedR 1989, 215, 217.

[660] NJW 1976, 1155, dazu bereits oben bei Fn. 572.

[661] So das LG Aachen a.a.O. ; gegen eine solche Differenzierung im Rahmen der Assistenz bereits oben bei Fn. 602 und 603.

[662] Siehe oben S. 107; vgl. auch Narr Rn. 1016; abweichend, aber auf überholter Grundlage, Wohlhage S. 178 ff.

d) Die ärztliche und pflegerische Assistenz

Über die Zuordnung der Assistenz, die sowohl bei spezifischen Behandlungsmaßnahmen wie etwa einem operativen Eingriff als auch bei Nebenmaßnahmen wie dem Herrichten einer Spritze oder einer Infusion in Betracht kommt, ist mit den oben angeführten Grundsätzen noch keine Entscheidung getroffen. Die schon erwähnte Fragestellung[663] bleibt auch im gegenständlichen Zusammenhang bedeutsam: Sieht man die Assistenz als unselbständigen Bestandteil der ärztlichen Maßnahme, gehört sie zu dieser; erkennt man ihr eigenständigen Charakter zu, könnte man sie den sonstigen stationären Leistungen zuordnen, gleichsam als personelle Komponente der Bereitstellung von Einrichtungen, Apparaten und Instrumenten.

Die hier vertretene - gegenleistungsorientierte - Abgrenzung bietet auch zur Entscheidung dieser Frage einen Lösungsansatz: Zwar können Assistenzpersonalkosten ebenso über den Pflegesatz wie über die Liquidationsgebühr abgegolten werden[664]; indem aber die entsprechende Gebührenziffer der GOÄ das gesamte Leistungsbild, also auch die Assistenz, berücksichtigt,[665] ergibt sich ein vorrangiger Bezug zur Wahlbehandlung. Dementsprechend sind auch Assistenzpersonalkosten nicht Gegenstand des 15 prozentigen Gebührenabschlags nach § 6 a GOÄ.[666] Nur diese Einordnung wird der Assistenz als einer persönlichen Leistung gerecht: So ist die Zählschwester im OP-Raum kein Ersatz für eine Registriermaschine, sondern Entlastung für das Gedächtnis des operierenden Arztes. Wo hingegen die Assistenz nicht notwendig zum Leistungsbild der Gebührenziffer gehört, etwa dann, wenn vorbereitende oder einem Eingriff nachfolgende Leistungen nachgeordnetem Personal überlassen werden wie z. B. die Desinfektion des OP-Feldes oder die Schließung der OP-Wunde, sind die Übergänge zur Delegation fließend; auch in diesem Fall bliebe es bei der Zuordnung zu den wahlärztlichen Leistungen.

---

[663] Oben S. 98 f.

[664] Siehe oben S. 95.

[665] Ebenda, Fn. 578.

[666] Vgl. oben S. 104.

V. Ergebnis

Das gefundene Ergebnis läßt sich in der folgenden Übersicht darstellen.

Übersicht: Wahlärztliche und sonstige stationäre Leistungen

	Leistung	ausführend	Einsatzart	Kostenträger	Vergütung	Erstattung
sonstige stationäre Leistungen	1. Versorgung	technisches Küchen- und Pflegepersonal	dienstlich	Krankenhaus	ermäßigter Pflegesatz gem. § 8 Nr. 2 BPflV	entbehrlich
	2. Pflege					
	3. Grundversorgung mit eigenständig erbrachten Nebenleistungen	Pflegepersonal				
		nachgeordnete Ärzte				
	4. Organisation 1–3	Chefarzt				
wahlärztliche Leistungen	5. Nebenleistungen auf Anordnung des Chefarztes	Pflegepersonal	dienstl./außerord. – Delegation – Assistenz	Krankenhaus	Liquidation nach GOÄ	erforderlich (§§ 11 Abs. 3, 13 Abs. 3 Nr. 6 BPflV)
		nachgeornete Ärzte	– Stellvertretung			
	6. Spezifische Behandlung	Chefarzt	außerdienstlich	Chef-arzt		entbehrlich

Es ergibt sich ein in sich geschlossenes System, das die wahlärztlichen und sonstigen stationären Leistungen unter Berücksichtigung der jeweils vorgesehenen Abschläge und Erstattungspflichten in ein ausgewogenes Verhältnis bringt. Ob Erstattungspflicht und Liquidation befriedigend aufeinander abgestimmt sind, da die Erstattungspflicht wegen ihrer Koppelung an den Pflegesatz dynamisiert ist, nicht aber die Gebühr nach GOÄ, muß im vorliegenden Zusammenhang außer Betracht bleiben.[667]

Die Einheit von Liquidationsbefugnis und Haftung ist schon vom Ansatz her gewährleistet; denn Leistungsträgerschaft und Vergütungsberechtigung sind aufeinander abgestimmt.[668]

Keine Probleme bereitet auch die versicherungsrechtliche Seite: Nach den geltenden Besonderen Bedingungen und Risikobeschreibungen für Ärzte an Krankenanstalten ist in der Chefarztversicherung die gesetzliche Haftpflicht aus der Beschäftigung von Stellvertretern, Assistenzärzten und Hilfspersonen enthalten.[669]

Schließlich wird es auf der vorgeschlagenen Grundlage möglich sein, zur Klärung der Verantwortungsbereiche schlicht danach zufragen, wer für die maßgebliche Tätigkeit honoriert wird: das Krankenhaus über den ermäßigten Pflegesatz oder der Träger der Wahlbehandlung über die Liquidation nach GOÄ. Dieser Ansatz ist nicht grundlegend neu. Schon bisher ist die Liquidationsbefugnis als ein mögliches Indiz für die Verteilung der Haftung herangezogen worden,[670] auch in der Rechtsprechung.[671] Nunmehr jedoch wird die Forderungszuständigkeit zum allein ausschlaggebenden Kriterium,

---

[667] Dazu Herzog/Schlauss Arztrecht 1985, 121, 124 f.

[668] Siehe oben S. 101.

[669] Siehe oben S. 62.

[670] Baur/Hess S. 21: "Ein Indiz für die Zuordnung von Angehörigen des Hilfspersonals in den ärztlichen Leistungsbereich ist die Liquidationsberechtigung des Arztes für die unter Mithilfe des Personals erbrachten ärztlichen Leistungen"; ebenso Narr Rn. 1016 und andeutungsweise Laufs Rn. 405.

[671] OLG Hamburg VersR 1954, 125, 126 f. (zum Sachverhalt oben S. 95 bei Fn. 575): "Wie der Bekl. zu 2.) angegeben hat, hat der Kl. die bei der Operation verwandten Injektionsspritzen nicht besonders beglichen, sondern mit der erwähnten Pauschale abgegolten"; vgl. auch BGHZ 5, 321, 324, das dem oben auf S. 124 angeführten Zitat nachfolgen läßt: "Das Krankenhaus selbst entspricht dieser Erwartung, indem es solche Einrichtungen zur Verfügung stellt ... und auch berechnet".

wobei lediglich die Abgrenzung zwischen Delegation und Maßnahmen im Rahmen der Grundversorgung Beurteilungsspielräume offen läßt. Stellvertretung - wie bisher - und Assistenz gehören ohne Einschränkung zur Wahlbehandlung.

§ 8 Die Rückkehr zum Trennungsmodell

I. Der Ansatz: Abbedingung des Kumulierungsmodells

Bereits der BGH hat in seiner Leitentscheidung BGHZ 95, 63 die kumulierte Haftung von Krankenhaus und Chefarzt nicht zum verbindlichen Inhalt des Wahlbehandlungsvertrags gemacht; die Möglichkeit einer abweichenden Vereinbarung ist ausdrücklich offengelassen.[672] Daher kommt es auch künftig noch auf den Inhalt der konkret bei Aufnahme des Wahlleistungspatienten geschlossenen Vereinbarung an, auch wenn eine Tendenz zur ungeprüften Annahme des kumulierten Wahlbehandlungsvertrags schon erkennbar ist.[673] Jedenfalls die Universitätskrankenhäuser werden aufgrund der bestehenden Regreßprobleme um eine Rückkehr zu gespaltenen vertraglichen Beziehungen bemüht sein.[674] Deshalb kommt der Frage, welche Anforderungen an die Aufnahmeformulare und Allgemeinen Vertragsbedingungen (AVB) der Krankenhäuser[675] zu stellen sind, verstärkte Bedeutung zu.

II. Der veränderte Wertungshintergrund

Nach der hier vertretenen Auffassung stehen sich Kumulierungs- und Trennungsmodell dem Grunde nach gleichberechtigt gegenüber.[676] Das Pfle-

---

[672] Siehe oben S. 50.

[673] So OLG Düsseldorf VersR 1988, 91, 92 ("gefestigte und jetzt ständige Rechtsprechung des BGH") und LG Fulda NJW 1988, 1519.

[674] Entsprechende Anzeichen sieht Kubis NJW 1989, 1512.

[675] Dazu bereits oben S. 46.

[676] Siehe oben S. 51 f.

gesatzrecht gibt keine - auch nur mittelbar wirksame[677] - Vorgabe. Lediglich die besondere Einbindung des Chefarztes in das Gefüge des Krankenhauses rechtfertigt es, im Zweifel von einem Vorrang des Kumulierungsmodells auszugehen.[678] Schon hieraus ergibt sich ein geringerer Grad an Verbindlichkeit dieses Vorrangs. Folgt man ferner der vorgeschlagenen Abgrenzung zwischen wahlärztlichen und sonstigen stationären Leistungen,[679] mindern sich die Risiken, die bei gespaltener Vertragsgestaltung im Haftungsfall für den Wahlleistungspatienten bestehen.[680] Dessen Rechtsposition wird weiter verbessert, wenn der beamtete Chefarzt im Rahmen der Wahlbehandlung gemäß § 823 BGB - ohne die Begünstigung durch das Verweisungsprivileg - haftet;[681] dann bestünde nicht mehr die Gefahr, mit einer Klage gegen den Chefarzt trotz eines ihm zurechenbaren Behandlungsfehlers zu unterliegen, weil auch das Krankenhaus- wie im Ausgangsfall[682] - wegen eines Organisationsverschuldens für den Schaden einzustehen hat.

Schließlich verdient ein weiterer Vorzug des Trennungsmodells hervorgehoben zu werden: Es verwirklicht durch die im Verhältnis zwischen Krankenhaus und Chefarzt verbürgte Einheit von Liquidationsbefugnis und Haftungsrisiko ein Stück materieller Gerechtigkeit.[683]

Aber auch bei der Schadensabwicklung lassen sich praktische Vorteile aufzeigen. Zwar entspricht es einer Entwicklungslinie, die Regulierung von Haftungsfällen beim Krankenhaus zu konzentrieren; das ist auf den ersten Blick patientenfreundlich[684] und hat den Vorzug der Sachnähe. Für den wahlärztlichen Bereich gibt es jedoch gewichtige Gegengründe. So läge die

---

[677] So aber der BGH, siehe oben S. 51 f.

[678] Oben S. 58 f.

[679] Oben S. 107 ff.

[680] Oben S. 54 f.

[681] Vgl. oben S. 56 f. und 90 ff.

[682] Oben S. 49.

[683] Oben S. 62.

[684] So BGHZ 85, 393, 396: Die Inanspruchnahme des Krankenhauses "führt zu einer weitgehenden Konzentrierung der Schadensregulierung beim Krankenhausträger, die dem Arzt-Patienten-Verhältnis zugute kommt"; zustimmend Giesen S. 3 Fn. 10 und S. 5 f.; ders. Arzthaftungsrecht S. 52; zuvor bereits Weyers S. 30, der von einer entsprechenden Tendenz des BGH spricht.

Sachverhaltsaufklärung in den Händen einer Instanz, die von den Folgen einer mangelhaften Ermittlungsarbeit letztlich nicht betroffen ist: Lehnt das Krankenhaus - nach nur oberflächlicher Prüfung - eine Haftung ab, muß es ein späteres Unterliegen im Prozeß nicht fürchten, da es den Chefarzt in Regreß nehmen kann;[685] zeigt es sich - voreilig - regulierungsbereit, ist dies kein besonderes Verdienst, da die Folgen letztlich die Haftpflichtversicherung des Chefarztes treffen.[686] Dies könnte dazu führen, daß letztendlich doch die Haftpflichtversicherung des Chefarztes die Abwicklung in die Hand zu nehmen hätte, sodaß die Krankenhausverwaltung nur noch die Korrespondenz zwischen Patient und Haftpflichtversicherung besorgt. Ein solches Verfahren wäre weder patientenfreundlich noch diente es der Sachverhaltsaufklärung; vielmehr brächte es unnötigen Verwaltungsaufwand und die Gefahr von Reibungsverlusten mit sich. Die Vorteile einer Konzentrierung der Schadensregulierung beim Krankenhaus würden so wieder aufgehoben.

III. Rechtliche Grenzen der Abbedingung in Formularverträgen und Allgemeinen Vertragsbedingungen

Die Krankenhäuser, um die es im vorliegenden Zusammenhang geht, verwenden bei der Patientenaufnahme Vordrucke und/oder Allgemeine Vertragsbedingungen, in denen auch die Wahlbehandlung näher geregelt wird.[687] Da auch bei Universitätskrankenhäusern das Benutzungsverhältnis privatrechtlich ausgestaltet ist,[688] findet somit das AGB-Gesetz Anwendung.[689]

Dabei ist die Kontrolle von Bestimmungen, die auf das Trennungsmodell

---

[685] Siehe oben S. 68, 76 und 78.

[686] Zu möglichen Hindernissen bei der Regreßnahme nach Abschluß eines Vergleichs zwischen Krankenhaus und Patient vgl. Bay. VGH VersR 1987, 369.

[687] Vgl. oben S. 46.

[688] Vgl. BGHZ 9, 145; BGH NJW 1985, 677, 678; Laufs Rn. 48 und 416; Narr Rn. 900; Rieger Rn. 772 und 1031; Steffen S. 6; Burck VersR 1968, 613, 614; Kurzawa VersR 1977, 799; Musielak JuS 1977, 87, 90, jew. m. w. N.

[689] Soergel-Stein § 9 AGBG Rn. 85; Brandner/Ulmer/Hensen Anh. §§ 9 - 11 AGBG Rn. 450; Laufs Rn. 50; Narr Rn. 991; Diederichsen S. 88; Schmid S. 84 Fn. 41; Lüke/Walendy JZ 1977, 658, 661 ff.; Bunte JZ 1982, 279; Niebling MedR 1985, 262, 263.

abzielen, nicht gemäß § 8 AGBG beschränkt, wenngleich zumindest seine Zulässigkeit auf die Bundespflegesatzverordnung zurückgeführt werden kann;[690] denn angesichts der Lückenhaftigkeit der in Betracht kommenden Rechtssätze[691] hätten die Formular- oder Vertragsbestimmungen zumindest rechtsergänzenden Charakter und wären daher in vollem Umfang nachprüfbar.[692]

Wegen des ohnehin bestehenden Vorrangs des Kumulierungsmodells hat die Unklarheitenregel des § 5 AGBG keine eigenständige Bedeutung.[693] Somit bleibt zu prüfen, ob die Vereinbarung gespaltener Vertragsbeziehungen in Formular- und Vertragsbestimmungen den Wahlleistungspatienten gemäß § 3 AGBG überrascht[694] oder im Sinne von § 9 Abs. 2 AGBG unangemessen benachteiligt.[695] Beides trifft jedoch nicht zu. So könnten entsprechende Bestimmungen nur dann als überraschend angesehen werden, wenn dem Kumulierungsmodell kraft Rechtssatzes - in Betracht käme wieder nur die Bundespflegesatzverordnung - eine Ordnungs- oder Leitbildfunktion zukäme.[696] Das ist nach der hier vertretenen Auffassung zu verneinen.[697] Auch stellen sich die Nachteile einer gespaltenen Vertragsgestaltung auf dem veränderten Wertungshintergrund[698] nicht als so belastend dar, daß der Schutz des Patienten in einer den Vertragszweck gefährdenden Weise nicht mehr gewährleistet wäre.[699]

Das AGB-Gesetz steht somit einer Abbedingung des Kumulierungsmodells

---

[690] Siehe oben S. 31 f.

[691] Vgl. oben S. 13 f.

[692] Vgl. Palandt-Heinrichs § 8 AGBG Anm. 2 c cc; zu deklaratorischen AVB allgemein Niebling a.a.O. (Fn. 689) und im Krankenhausaufnahmevertrag BGH NJW 1988, 2951 f. = MedR 1989, 33 f.

[693] Anders bei der hier nicht berührten Frage, ob sich der selbstzahlende Patient eindeutig für die Wahlbehandlung entschieden hat; vgl. hierzu Brandner/Ulmer/Hensen a.a.O. (Fn. 689) Rn. 451 a; LG Duisburg NJW 1988, 1523.

[694] Tendenziell Steffen S. 6; Anmerkung zum Urteil des BGH in das Krankenhaus 1985, 480, 481.

[695] Vgl. Steffen a.a.O.

[696] Vgl. Palandt-Heinrichs § 9 AGBG Anm. 3 a.

[697] Siehe oben S. 51 f.

[698] Oben S. 114 ff.

[699] Vgl. Palandt-Heinrichs § 9 AGBG Anm. 3 d.

nicht grundsätzlich entgegen.[700] Das schließt nicht aus, daß § 3 AGBG dann Wirkung entfaltet, wenn entsprechende Bestimmungen an versteckter Stelle oder in unpassendem Zusammenhang - etwa als Annex zu den Pflegesatz-tarifen - eingeführt würden.[701]

IV. Konkrete Anforderungen an die Vereinbarung gespaltener Vertragsbe-ziehungen

1. Übernahme des Wortlauts der Bundespflegesatzverordnung (Fall: BGHZ 95, 63)

Insbesondere in der Zeit vor der Entscheidung BGHZ 95, 63 glaubte man, sich in Formular- und Vertragsbestimmungen mit der Wiederholung des Wortlauts der Bundespflegesatzverordnung - damals noch des § 6 S. 4 BPflV a. F. - begnügen zu können. Mitgedacht war hierbei das bei beamteten Chefärzten nur kraft vertraglicher Beziehungen zum Patienten bestehende Liquidationsrecht,[702] das im Normtext wiederkehrt,[703] und die bis dahin gültige Rechtsprechung der Oberlandesgerichte, die durchweg gespaltene Vertragsbeziehungen angenommen hatte.[704]

Zu dieser Fallgruppe gehört auch das Aufnahmeformular, das im Fall BGHZ 95, 63 verwendet worden ist. Es hatte zur Wahlbehandlung folgenden Wortlaut[705]:

> "Ich habe davon Kenntnis genommen, daß ... (ärztliche Wahlleistun-gen) ... nicht auf einzelne liquidationsberechtigte Ärzte beschränkt

---

[700] Ebenso Steffen S. 6; vgl auch OLG Düsseldorf NJW - RR 1988, 884, welches es abgelehnt hat, die Vereinbarung gespaltener Vertragsbeziehungen als unzulässige Haftungsbeschrän-kung anzusehen.

[701] So die Bestimmungen im Fall BGHZ 95, 63, wo auf der Beilage "Pflegesätze" u. a. mitge-teilt wird: "Mit den Pflegesätzen sind alle medizinisch zweckmäßigen und ausreichenden Krankenhausleistungen ... abgegolten. Nicht abgegolten sind ... die gewählten Leistungen der liquidationsberechtigten Krankenhausärzte ...."

[702] Siehe oben S. 39 ff.

[703] Vgl. oben S. 14 ("ihrer Leistungen").

[704] Oben Fn. 298.

[705] Vgl. bereits oben Fn. 701; Quelle sind die dem Verfasser vorliegenden Formulare des Uni-versitäts-Krankenhauses Eppendorf, Hamburg, Stand Januar 1983.

werden können und daß die Ärzte ... persönlich nach der Gebührenordnung für Ärzte (GOÄ) ... liquidieren, sofern keine andere Vereinbarung getroffen wird."

Auch die Allgemeinen Vertragsbedingungen bringen keine zusätzliche Klarheit. So lautet dort die Nr. 7:

"Der Patient kann ... die Behandlung durch liquidationsberechtigte Ärzte gegen Privatliquidation wählen . ... Die Wahl kann nicht auf einzelne liquidationsberechtigte Ärzte beschränkt werden (§ 6 Bundespflegeatzverordnung). Der gewählte behandelnde Arzt und die zum Zwecke der Heilbehandlung hinzugezogenen liquidationsberechtigten Ärzte berechnen dem Kranken ihr Honorar für die ärztliche Leistung persönlich. ..."[706]

Besteht ein Vorrang zugunsten des Kumulierungsmodells und enthält der Wortlaut von § 6 S. 4 BPflV a. F. (§ 7 Abs. 3BPflV) keine Aussage zur Vertragsgestaltung im Fall der Wahlbehandlung, versteht sich von selbst, daß solche Formular- und Vertragsbestimmungen nicht die erforderliche Hinweiskraft besitzen, zumal dann, wenn die Wahlleistung Arzt im Kontext anderer, notwendig vom Krankenhaus zu erbringender Wahlleistungen wie bessere Unterbringung, Fernsprechanschluß u. ä. steht.[707] Berücksichtigt man außerdem, daß im beschriebenen Ausgangsfall ein Pflegesatzabschlag nicht vorgesehen war[708], also im Pflegesatz das Entgelt für spezifische Behandlungsmaßnahmen weiter enthalten blieb, konnte die Entscheidung nur zugunsten einer kumulierten Haftung von Krankenhaus und Chefarzt ausfallen.

An diesem Ergebnis würde sich auch dann nichts ändern, wenn daneben - wie in Universitätskrankenhäusern häufig - mit dem die Behandlung leitenden Chefarzt eine getrennte Vereinbarung getroffen wird; denn darin wird

---

[706] Es folgen Hinweise zur Liquidation nach der GOÄ.
[707] Siehe oben bei Fn. 313.
[708] Siehe oben bei Fn. 111 (Hamburg).

üblicherweise nur auf dieses Verhältnis und die Liquidationsberechtigung[709] eingegangen, nicht aber die Ausschließlichkeit dieser Beziehung behandelt[710]. Somit ließe sich diese Vereinbarung im Rahmen des Kumulierungsmodells als Zusatzvertrag auffassen. Die Übergabe eines solchen Formulars bei Aufnahme des Patienten würde lediglich die Vertretung des Chefarztes durch das Krankenhaus entbehrlich machen; es träte dann als Bote auf.[711]

2. Eigenständige Ausformulierung (Fall OLG Köln VersR 1985, 833)

Es genügt somit nicht, sich allein am Text der Bundespflegesatzverordnung, soweit er die wahlärztlichen Leistungen betrifft, auszurichten. Man wird eine Formulierung finden müssen, die das Zustandekommen zweier getrennter Verträge mit dem Krankenhaus einerseits und den an der Behandlung beteiligten Chefärzten andererseits hinreichend deutlich zum Ausdruck bringt; zugleich bietet sich an, den unterschiedlichen Inhalt der jeweils geschuldeten Leistungen aufzunehmen.

Mit einem entsprechenden Formular hatte sich bereits der BGH im Fall OLG Köln VersR 1985, 844 zu befassen. Der Sachverhalt betraf eine LVA-Klinik, deren "Vertragsbedingungen für Privatpatienten" im maßgeblichen Teil wie folgt lauteten[712]:

"Die Leistungen der Klinik ... umfassen Krankenpflege, Verpflegung und Unterkunft sowie Neben- und sonstige stationäre Leistungen ... Sämtliche ärztliche Leistungen einschließlich Leistungen fremder Fachärzte sowie auswärtiger Institute sind von diesem Vertrag ausgenommen. Diese Leistungen sind ausschließlich Gegenstand rechtlicher Beziehungen zwischen dem liquidationsberechtigten

---

[709]   Häufig als eine Honorarvereinbarung nach § 2 Abs. 2 GOÄ ausgestaltet und dann deren einziger Inhalt, da in diesem Fall andere Erklärungen nicht verbunden sein dürfen; vgl. auch Niebling MedR 1985, 262, 266.

[710]   Ein an dieser Stelle enthaltener Hinweis müßte wohl als überraschend gewertet werden; vgl. oben bei Fn. 701.

[711]   Auch in diesem Fall würde sich das Liquidationsrecht wegen des Bündelungsprinzips auf die weiteren an der Behandlung beteiligten Chefärzte erstrecken; vgl. BGH MedR 1987, 241.

[712]   Quelle: LVA Rheinprovinz, Düsseldorf.

Arzt einerseits und dem Patient ... andererseits. Auf diese Rechtsbeziehungen nimmt die LVA ... keinen Einfluß."

Das OLG Köln knüpfte - noch vor der Entscheidung BGHZ 95,63 - schlicht
an diese Bestimmungen an und kam so zur Annahme eines gespaltenen
Wahlbehandlungsvertrags.[713] Der BGH billigte diese Auffassung, indem er
die Revision mit Beschluß vom 8.4.1986 - also nach seiner Leitentscheidung
- nicht annahm.[714]

3. *Besondere Hinweispflicht und Tranzparenzgebot*

Ist damit der Weg aufgezeigt, auf welche Weise - bisher und künftig - das
Trennungsmodell verwirklicht werden kann?[715] Zweifel sind deshalb ange-
bracht, weil im entschiedenen Fall die Bundespflegesatzverordnung nicht
anwendbar war und somit der Leitgedanke der maßgeblichen Entscheidung,
nämlich die durch § 6 BPflV a. F. einheitlich geprägten Leistungsbeziehungen zwischen Krankenhaus und Patient,[716] auf ihn nicht zutraf. Deshalb
wäre denkbar, auch wegen der andeutungsweisen Gleichsetzung von Trennungsmodell und Haftungsfreizeichnung,[717] daß den der Bundespflegesatzverordnung unterliegenden Krankenhäusern zur Pflicht gemacht wird, auf
die in diesem Fall gesteigerten Haftungsrisiken[718] hinzuweisen.

Eine ähnliche Rechtsprechung gab es bereits zum "Trennungsmodell" beim
finanzierten Abzahlungskauf,[719] bei welchem der BGH den Darlehensgeber
dazu anhielt, auf die mit der Trennung von Kauf und Darlehen verbundenen Nachteile und Risiken hinreichend deutlich hinzuweisen, andernfalls er

---

[713] OLG Köln VersR 1985, 844, 845; "Nach Ziffer ... der Vertragsbedingungen des Kranken-
       hausvertrags sind die ärztlichen Leistungen ausschließlich Gegenstand rechtlicher Bezie-
       hungen zwischen dem Chefarzt einerseits und dem Patienten andererseits. Es ist daher
       von einem sogenannten aufgespaltenen Arzt-Krankenhausvertrag auszugehen..."

[714] Zitiert nach Steffen S. 7.

[715] So tendenziell Steffen a.a.O.

[716] Siehe oben Fn. 309, dagegen oben S. 51 f.

[717] Oben Fn. 311, dagegen oben S. 52 und ebenso das OLG Düsseldorf (oben Fn. 700).

[718] Oben S. 54 ff.

[719] Vgl. Palandt-Putzo (46. Auflage) Anh. zu § 6 AbzG Anm. 3 b bb.

sich schadensersatzpflichtig machte.[720] Infolge schrittweiser Erhöhung der Anforderungen hatte über einen langen Zeitraum hinweg keines der in der Praxis verwendeten Formulare Bestand.[721]

In die gleiche Richtung zielt das vom BGH in jüngerer Zeit herausgestellte Transparenzgebot, das als formeller Aspekt der Angemessenheit allgemeiner Vertragsbestimmungen aus § 9 Abs. 1 AGBG - und damit dem Grundsatz von Treu und Glauben abgeleitet wird.[722] Es besagt, daß der Verwender von allgemeinen Vertragsbestimmungen die Rechte und Pflichten seines Vertragspartners so eindeutig und verständlich darzustellen hat, daß dieser sich bei Vertragsschluß hinreichend über die rechtliche Tragweite der Vertragsbedingungen klar werden kann.[723] Sofern man diesem Gebot überhaupt eigenständige Bedeutung beimessen darf,[724] wird man es zur Begründung der beschriebenen Hinweispflicht nicht heranziehen können. Die mit dem Trennungsmodell verbundenen nachteiligen Folgen sind vom Verwender keineswegs beabsichtigt.[725] Sie ergeben sich aus der komplex angelegten Beziehung zwischen Wahlleistungspatienten, Chefarzt und Krankenhaus. Eine entsprechende Hinweispflicht hätte zur Voraussetzung, daß das Krankenhaus als Urheber der Abgrenzungs- und Haftungsprobleme gelten könnte. Das ist jedoch allenfalls in tatsächlicher, nicht aber in rechtlicher Hinsicht der

---

[720] Durch die neuere Rechtsprechung des BGH mittlerweile überholt, vgl. Palandt-Putzo a.a.O. Anm. 3 b.

[721] In BGHZ 33, 293, 298 fehlte es bereits an der äußeren Aufmachung ("... wobei der Hinweis so hätte gestaltet werden müssen, daß er jedem Unterzeichner ... auch bei nur flüchtiger Betrachtung des Formulares und ohne Lesen seines sonstigen Textes unübersehbar in die Augen gefallen wäre"); in BGHZ 47, 217, 223 fehlte es dagegen an der inhaltlichen Eindeutigkeit (der "Offenbarungspflicht genügt ein ein Abzahlungsgeschäft finanzierendes Institut nicht schon dadurch, daß es die Klausel, ..., in sein Vertragsformular aufnimmt, selbst wenn es diese Klausel durch Fettdruck, Umrahmung oder in anderer Weise hervorhebt"); erst 1973 - 13 Jahre nach dem erstgenannten Urteil - ist eine Entscheidung bekannt geworden, bei welcher der BGH die Anforderungen insgesamt als erfüllt angesehen hat (BGH NJW 1973, 452, 454).

[722] BGH WM 1988, 1780, 1783 und JR 1989, 372; die Urteile betreffen das Bankenrecht (nachschüssige Tilgungsverrechnung von Darlehen und verzögerte Wertstellung von Bareinzahlungen auf Girokonten).

[723] So bereits BGHZ 97, 65, 73.

[724] A. A. Bunte in seiner Anmerkung zu BGH JR 1989, 372, 375 f., der darauf verweist, daß eine Verletzung des Transparenzgebots bisher stets mit einer materiellen Unangemessenheit der betreffenden Bestimmungen einhergegangen ist.

[725] Siehe oben S. 45 f.; auf den Unterschied zwischen primären Leistungsinhalt und sekundären Haftungsfolgen ist bereits oben S. 52 hingewiesen worden.

Fall.[726] Dieser Umstand unterscheidet das Trennungsmodell der Wahlbehandlung vom Trennungsmodell des Abzahlungskaufs. Das Krankenhaus kann für Schwächen des Vertrags- und Deliktsrechts nicht in gleicher Weise in die Pflicht genommen werden wie der einen Kauf finanzierende Darlehensgeber, der die Vorschriften des Abzahlungsgesetzes unterlaufen will.

Der Lösungsansatz ist daher unmittelbar im Vertrags- und Deliktsrecht zu suchen, bei der Abgrenzung der Leistungsbereiche von Krankenhaus und Chefarzt sowie dessen Haftung,[727] nicht aber in einer die Vereinbarung des Trennungsmodells erschwerenden oder sie gar unmöglich machenden Hinweispflicht.

Das Transparenzgebot verlangt daher lediglich die übersichtliche Darstellung der unterschiedlichen Leistungsbereiche von Krankenhaus und Chefarzt. Darüberhinaus dürfte der Hinweis nützlich sein, daß Krankenhaus und Chefarzt nur in ihrem jeweiligen Leistungsbereich haften.[728] Verfehlt ist es jedoch, dies in der Art einer Freizeichnungsklausel zu tun.[729]

V. Formulierungsvorschlag

1. Das Aufnahmeformular

Aus Gründen der Klarheit und Übersichtlichkeit wird empfohlen, für Regel- und Wahlbehandlung getrennte Aufnahmeformulare zu verwenden. Das schließt nicht aus, die Patientendaten auf einem einheitlichen Stammblatt zu erfassen. Für die Aufnahme des Wahlleistungspatienten wird folgende Fassung vorgeschlagen:

---

[726] Ebenso OLG Düsseldorf NJW-RR 1988, 884.

[727] Siehe oben S. 81 ff. und S. 92 ff.

[728] Zur Verdeutlichung OLG Düsseldorf a.a.O.

[729] So aber die AVB des Klinikums Tübingen,Stand 1.1.1986, unter "Vereinbarung über gesondert berechenbare wahlärztliche Leistungen" in Ziffer 03: "Das Universitätsklinikum übernimmt für die privatärztliche Behandlung, einschließlich der Behandlung durch Erfüllungsgehilfen des liquidationsberechtigten Arztes, keine Haftung."

1. Ich beantrage Aufnahme und Betreuung im Rahmen der Wahlbehandlung.[730]

   a) Die *wahlärztlichen Leistungen* sollen durch den Chefarzt der Abteilung für ...[731] sowie die weiteren zu meiner Behandlung hinzugezogenen Chefärzte erbracht werden.[732] Ich wünsche den Abschluß eines Behandlungsvertrags mit diesen Ärzten.[733]

   Mir ist bekannt, daß das Krankenhaus wegen der wahlärztlichen Leistungen keine vertraglichen Pflichten übernimmt und insoweit nicht haftet.

   b) Das Krankenhaus schuldet lediglich die *sonstigen stationären Leistungen*, insbesondere Krankenpflege, Beköstigung und Unterkunft.
   Als zusätzliche Wahlleistungen des Krankenhauses wünsche ich: ...[734]

2. Ich werde darauf hingewiesen, daß die Chefärzte ihre Leistungen selbständig nach der Gebührenordnung für Ärzte (GOÄ) abrechnen...

   Für die sonstigen stationären Leistungen erhält das Krankenhaus den um 5 % ermäßigten allgemeinen Pflegesatz ...[735]

3. Im übrigen gelten die Allgemeinen Vertragsbedingungen (AVB) ...[736]

Das Original verbleibt bei der Krankenhausverwaltung, eine Durchschrift erhält der Wahlleistungspatient, eine zusätzliche der bezeichnete Chefarzt, der die weiteren, an der Behandlung beteiligten Chefärzte zu unterrichten hat.

---

[730] Zur Anwendbarkeit des AGB-Gesetzes auch auf diese Art der Formulierung Niebling MedR 1985, 262, 263.

[731] Chefarzt der Station, in die der Patient aufgenommen werden soll.

[732] Angesichts des Bündelungsprinzips an sich entbehrlich, siehe oben Fn. 196, aber zur Klarstellung sicher nützlich.

[733] Das Antragsformular enthält insoweit einen Hinweis auf die Vertreterstellung des Krankenhauses.

[734] Einbettzimmer, Unterbringung einer Begleitperson, Telephon etc.

[735] Eine entsprechende Unterrichtungspflicht enthält § 12 BPflV.

[736] Zu den Voraussetzungen einer wirksamen Einbeziehung gemäß § 2 AGBG Bunte NJW 1986, 2351, 2352; Niebling MedR 1985, 262, 264 f.

**2. *Ergänzende Allgemeine Vertragsbestimmungen zu den wahlärztlichen
und den sonstigen stationären Leistungen***

Die Allgemeinen Vertragsbestimmungen regeln üblicherweise die Voraussetzungen der stationären Aufnahme, der Verlegung und Entlassung, den Umfang der angebotenen Leistungen, die Leistungsentgelte sowie weitere mit
dem stationären Aufenthalt verbundene Sachverhalte.[737] Angesichts der
vorgeschlagenen Gestaltung der Aufnahmeformulare empfiehlt es sich, die
Behandlung im Rahmen der allgemeinen Krankenhausleistungen (Regelbehandlung) und die Behandlung über die Gewährung wahlärztlicher und sonstiger stationärer Leistungen (Wahlbehandlung) in jeweils getrennten Bestimmungen zu erfassen. Zur Wahlbehandlung wird folgende Fassung vorgeschlagen:

§ .. Wahlbehandlung

1. Die Wahlbehandlung wird im Rahmen getrennter Verträge über die
    wahlärztlichen und die sonstigen stationären Leistungen gewährt.

2. Der Vertrag über die wahlärztlichen Leistungen wird allein mit den be-
    handelnden Chefärzten, die durch das Krankenhaus vertreten werden,
    geschlossen. Wahlärztliche Leistungen sind:[738]

    - die persönlichen Leistungen der Chefärzte,
    - die von ihnen veranlaßten Leistungen nachgeordneten Arzt- und
      Pflegepersonals ihrer Abteilung[739] (Delegation und Assistenz),[740]
    - die von ihnen veranlaßten Leistungen von Ärzten und ärztlich gelei-
      teten Einrichtungen außerhalb des Krankenhauses.

    Ist der Chefarzt verhindert, übernimmt die persönlich von ihm geschul-
    deten Leistungen....[741]

---

[737] Vgl. etwa die AVB nach einem Musterentwurf der DKG bei Bunte S. 339 ff.

[738] Die nachfolgende Formulierung ist an § 2 Abs. 3 BPflV ausgerichtet; hierzu bereits oben
       S. 101, 105 ff. und 107 ff.

[739] Siehe oben S. 105.

[740] Siehe oben S. 107 f. und 110 f.

[741] Zu den hierzu bestehenden Problemen siehe oben Fn. 96.

3. Der Vertrag mit dem Krankenhaus beschränkt sich auf die sonstigen
    stationären Leistungen. Diese umfassen neben Krankenpflege, Bekösti-
    gung und Unterkunft auch ärztliche Leistungen im Rahmen des Stati-
    ons- und Bereitschaftsdienstes, sofern diese nicht von den Chefärzten
    veranlaßt worden sind.[742]

4. Krankenhaus und Chefärzte haften nur in ihrem jeweiligen Leistungs-
    bereich.

---

[742] Zur Abgrenzung auf dieser Grundlage oben S. 107 ff.

§ 9 Zusammenfassung in elf Thesen

I. Zum Liquidationsrecht des Chefarztes

1. Die Begriffe originäres und derivatives Liquidationsrecht haben nur beschreibende Bedeutung. Fließt das Wahlarzthonorar dem Chefarzt aufgrund eigener vertraglicher Beziehungen zum Patienten zu, besteht es originär (direktes Liquidationsrecht); derivativ, wenn es vom Krankenhaus übergeleitet oder an den Chefarzt ausgekehrt wird (mittelbares Liquidationsrecht).

2. Beim angestellten Chefarzt ist die Regelung den Parteien im Anstellungsvertrag überlassen; es überwiegt das mittelbare Liquidationsrecht.

3. Beim beamteten Chefarzt setzen das Besoldungs- und Nebentätigkeitsrecht ein direkt bestehendes Liquidationsrecht voraus.

II. Zur Wahlbehandlung

4. Jedes Wahlbehandlungsverhältnis umfaßt einen die wahlärztlichen und einen die sonstigen stationären Leistungen betreffenden Teil. Die sonstigen stationären Leistungen schuldet stets das Krankenhaus.

5. Die Leistungsbereiche lassen sich anhand pflegesatz- und gebührenrechtlicher Vorgaben hinreichend klar voneinander abgrenzen: Die Fälle der Stellvertretung, Delegation und Assistenz durch nachgeordnete Arzt- und Pflegekräfte gehören zum wahlärztlichen Leistungsbereich; selbständig ergriffene Maßnahmen durch Stations- und Bereitschaftsdienste gehören zu den sonstigen stationären Leistungen.

6. Abhängig vom jeweiligen Schuldner der wahlärztlichen Leistungen lassen sich drei Arten des Wahlbehandlungsvertrags unterscheiden:

- der einheitliche Wahlbehandlungsvertrag (auch Einheitsmodell) mit dem Krankenhaus als Schuldner;

- der gespaltene Wahlbehandlungsvertrag (auch Trennungsmodell) mit dem Chefarzt als Schuldner;

- der kumulierte Wahlbehandlungsvertrag (auch Kumulierungsmodell) mit Krankenhaus und Chefarzt als Schuldnern.

III. Zum Verhältnis von Wahlbehandlung und Liquidationsrecht

7. Das mittelbare Liquidationsrecht führt regelmäßig zur Geltung des Einheitsmodells.

8. Das direkte Liquidationsrecht läßt sowohl das Trennungs- als auch das Kumulierungsmodell zu, wobei das Kumulierungsmodell vorgeht, in der Praxis aber abbedungen werden kann.

IV. Die Stellung des beamteten Chefarztes

9. Er haftet für wahlärztliche Behandlungsfehler nach Maßgabe des § 823 BGB und nicht privilegiert gemäß § 839 Abs. 1 Satz 2 BGB.

10. Bei Abwicklung nach dem Trennungsmodell haftet er allein gegenüber dem Patienten ("liquidiere und hafte").

11. Bei Abwicklung nach dem Kumulierungsmodell haftet er jedenfalls im Regreß gegenüber dem Krankenhaus ("liquidiere und hafte im Regreß").

Literaturverzeichnis

BAPPERT, LIESELOTTE:
   Arzt und Patient als Rechtssuchende, das Vertrags- und Haftungsrecht des Arztes in
   Grundsatzentscheidungen bundesdeutscher Gerichte 1969 - 1980, Hamburg 1980
BAUR, ULRICH/HESS, RAINER:
   Arzthaftpflicht und ärztliches Handeln, Basel-Wiesbaden 1982
dies.:
   Bundespflegesatzverordnung und ärztliches Liquidationsrecht, KHA 1973, 369
BRÜCK, D.:
   Kommentar zur Gebührenordnung für Ärzte - GOÄ -, Loseblattkommentar, Köln 1986
BUNTE, HERMANN-JOSEF:
   Gedanken zum Krankenhausvertrag - de lege lata - de lege ferenda, JZ 1982, 279
ders.:
   Handbuch der Allgemeinen Geschäftsbedingungen, München 1982
ders.:
   Die neue Konditionenempfehlung "Allgemeine Vertragsbedingungen für Krankenhausbehand-
   lungs-Verträge", NJW 1986, 2351
ders.:
   Anmerkung zu BGH JR 1989, 373, 375
BURCK, GERHARD:
   Die Haftung für Behandlungsfehler der Ärzte an Universitätskliniken unter dem Blickpunkt
   gefahrgeneigter Arbeit, VersR 1968, 614
DANIELS, JÜRGEN:
   Probleme des Haftungssystems bei stationärer Krankenbehandlung, NJW 1972, 305
DEUTSCH, ERWIN:
   Arzthaftung, Arztversicherung und Arzneimittelversicherung, Karlsruhe 1982 (zitiert:
   Arzthaftung)
ders.:
   Arztrecht und Arzneimittelrecht, eine zusammenfassende Darstellung mit Fallbeispielen und
   Texten, Berlin - Heidelberg - New York 1983 (zitiert: Arztrecht)
DEUTSCH, ERWIN/MATTHIES, KARL-HEINZ:
   Arzthaftungsrecht, Grundlagen, Rechtsprechung, Gutachten- und Schlichtungsstellen, Köln
   1985
DIEDERICHSEN, UWE:
   Die Vergütung ärztlicher Leistungen im Krankenhaus, Köln 1979
DIETERICH, HARTWIG:
   Das Nebentätigkeitsrecht für das wissenschaftliche und künstlerische Hochschulpersonal in
   Baden-Württemberg, Bonn 1984

EICHHOLZ, REINALD:
Die Rechtsstellung des Belegarztes, Köln 1973
EICHHOLZ, WOLF:
Auswirkungen der Bundespflegesatzverordnung und der Krankenhausgesetze der Länder auf die Vergütungen der Krankenhausärzte, KH 1974, 42
ders.:
Die Entwicklung des Arztvertragsrechts in den Krankenhäusern seit 1945, KH 1975, 163
FORSTER, BALDUIN (Hrsg.):
Praxis der Rechtsmedizin für Mediziner und Juristen, Stuttgart - New York - München 1986
FRANZKI, DIETMAR:
Die Beweisregeln im Arzthaftungsprozeß, eine prozeßrechtliche Studie unter Berücksichtigung des amerikanischen Rechts, Berlin 1982
FRANZKI, HARALD:
Aktuelle Rechtsprechung zur Haftung des Arztes, 2. Auflage, Köln 1981
ders.:
Leitfaden für Arzthaftungsprozesse, DRiZ 1977, 36
GEHRT, MARIA/JUNGERKES, HEIKO:
Kosten- und Leistungsnachweis nach der Bundespflegesatzverordnung, Kommentar für die Praxis, Köln - Stuttgart - Berlin - Mainz 1986
GEIGEL, REINHART:
Der Haftpflichtprozeß, 17. und 19. Auflage, München 1979 und 1986
GEISS, KARLMANN:
Arzthaftpflichtrecht, München 1989
GIESEN, DIETER:
Arzthaftungsrecht, die zivilrechtliche Verantwortlichkeit des Arztes in rechtsvergleichender Sicht, Bielefeld 1981 (zitiert: Arzthaftungsrecht)
ders:
Wandlungen des Arzthaftungsrechts, Tübingen 1983
ders.:
Grundzüge der zivilrechtlichen Arzthaftung, JURA 1981, 10
GITTER, WOLFGANG:
Versicherungsschutz bei ambulanter Untersuchung in der Deutschen Klinik für Diagnostik, NJW 1980, 2745
ders.:
Zum Liquidationsrecht der leitenden Krankenhausärzte, Rechtsbeziehungen zwischen Arzt, Krankenhaus und Patient, Köln 1975
GÜNTHER, HELLMUTH:
Nebenamt, ZBR 1986, 97
GRUNDSÄTZE
für die Gestaltung von Verträgen zwischen Krankenhäusern und leitenden Abteilungsärzten (Chefärzten) vom 28.3.1957, KH 1957, 137
HAHN, BERNHARD:
Die neue Verordnung über die Sicherheit medizinisch-technischer Geräte, NJW 1986, 752
ders.:
Zulässigkeit und Grenzen der Delegierung ärztlicher Aufgaben, zur Übertragung von Blutentnahmen, Injektionen, Infusionen und Bluttransfusionen auf nichtärztliches Assistenzpersonal, NJW 1981, 1977

HEINZE, MEINHARD:
Zur Qualifikation der ärztlichen Tätigkeit als "gefahrgeneigte Tätigkeit", MedR 1983, 6
HEINZE, MEINHARD/JUNG, HERBERT:
Die haftungsrechtliche Eigenverantwortlichkeit des Krankenpflegepersonals in Abgrenzung
zur ärztlichen Tätigkeit, MedR 1985, 62
HERZOG, H./SCHLAUSS, H.-J.:
Änderungen der Gebührenordnung für Ärzte (GOÄ) und der Bundespflegesatzverordnung
- Auswirkungen für Krankenhausärzte und für Belegärzte, Arztrecht 1985, 121
HESS, RAINER:
Anmerkung zum Urteil des OVG Lüneburg MedR 1986, 211 in MedR 1986, 213
HOFFMANN-BECKING, MICHAEL/SCHIPPEL, HELMUT:
Beck'sches Formularbuch zum Bürgerlichen, Handels- und Wirtschaftsrecht, München 1984
HOHENESTER, HERMANN:
Die Ausgleichshaftung der öffentlichen Hand und des von §§ 898 f. RVO erfaßten Personen-
kreises, NJW 1962, 1140
JANSEN, CHRISTOPH:
Das Liquidationsrecht beamteter Klinikdirektoren - ein hergebrachter Grundsatz des
Berufsbeamtentums -, MedR 1986, 49
KERN, BERND-RÜDIGER:
Die Haftpflicht des beamteten Arztes aus § 839 BGB, VersR 1981, 316
KLEINEWEFERS, HERBERT/WILTS, WALTER:
Schadenserstazansprüche bei Verletzung der ärztlichen Schweigepflicht, NJW 1963, 2345
dies.:
Vertragliche Schadensersatzansprüche des Patienten bei gespaltenem Arzt-Krankenhaus-
Vertrag, VersR 1964, 201
dies.:
Die vertragliche Haftung bei gespaltenem Arzt-Krankenhaus-Vertrag, NJW 1965, 332
KNATHS, KLAUS:
Beamten- und Arbeitnehmerhaftung - gegenüber dem Arbeitgeber, VersR 1984, 720
KNUR, ALEXANDER:
Rechtsgutachten über das Liquidationsrecht der leitenden Krankenhausärzte, KHA 1951, 131
KUBIS, DIETMAR:
Der Honoraranspruch des vertretenen Chefarztes bei Delegation der Behandlungspflichten,
NJW 1989, 1512
KÜCHENHOFF, GÜNTER:
Krankenhaus und Chefarzt? Patient und Chefarzt, KHA 1951, 202
KURZAWA, THOMAS:
Auswirkungen der unterschiedlichen Krankenhausorganisation der Krankenanstalten auf
Art und Umfang der Arzthaftpflicht, VersR 1977, 799
LANGE, HERMANN:
Schadensersatz, Tübingen 1979
LARENZ, KARL:
Methodenlehre der Rechtswissenschaft, 3. Auflage, Berlin - Heidelberg - New York 1975
ders.:
Schuldrecht, Allgemeiner Teil des Deutschen Bürgerlichen Rechts, 6. Auflage, München 1983
LAUFS, ADOLF:
Arztrecht, 4. Aufl., München 1988

ders.:

Arztrecht im Wandel, die Entwicklung des Arztrechts 1976/77, NJW 1977, 1081

ders.:

Die Entwicklung des Arztrechts 1983/84, NJW 1984, 1383

LIPPERT, HANS-DIETER:

Das Organisationsverschulden in Hochschulkiniken - zivilrechtliche Aspekte, NJW 1984, 2606

ders.:

Das Nebentätigkeitsbegrenzungsgesetz und die Nebentätigkeiten Leitender Ärzte der Krankenhäuser und Hochschulkliniken, NJW 1986, 2876

LOOS, JOACHIM:

Versicherungs- und Haftungsfragen im Krankenhaus, KH 1984, 480

ders.:

Haftung und Versicherungsschutz für Organe, Ärzte und Mitarbeiter in Krankenhäusern, Krankenhaus Umschau 1986, 594

LÜBKE, ROLF:

Bundesgerichtshof zu Fragen der Haftung bei Behandlungsfehlern, Konsequenzen für Stellenpläne, arzt im Krankenhaus 1986, 112

LUIG, KLAUS:

Der Arztvertrag, in Vertragsschuldverhältnisse (ohne Kaufrecht), München 1974

LÜKE, GERHARD/WALENDY, HEINZ:

Zum Liquidationsrecht der leitenden Krankenhausärzte, JZ 1977, 657

LUXENBURGER, BERND:

Das Liquidationsrecht der leitenden Krankenhausärzte, Köln - Berlin - Bonn - München 1981

MOLITOR, ERICH:

Krankenhaus und Chefarzt, Rechtsgutachten, 2. Aufl., Köln 1953

MÜNCHENER KOMMENTAR

(MünchKomm) zum Bürgerlichen Gesetzbuch, 2. Auflage, München, ab 1984

MUSIELAK, HANS-JOACHIM:

Haftung für Narkoseschäden - BGH NJW 1975, 2245, JuS 1977, 87

NARR, HELMUT:

Ärztliches Berufsrecht, Ausbildung - Weiterbildung - Berufsausübung, Loseblattausgabe, Köln 1977

ders.:

Zur persönlichen Leistungserbringung des Chefarztes aus der Sicht der GOÄ und des Kassenarztrechtes, MedR 1989, 215

NEUENFELDER, MARTIN/WOLLENSCHLÄGER, MICHAEL:

Eigenliquidationsrecht der Chefärzte (Klinikdirektoren), NJW 1974, 1415

NIEBLING, JÜRGEN:

Krankenhausaufnahmebedingungen, Honorarvereinbarungen und AGB-Gesetz, MedR 1985, 262

NIPPERDEY, HANS CARL:

Chefarzt und Krankenhaus, Rechtsgutachten, KHA 1949 (4), 4

ders.:

Rechtsgültigkeit der 50prozentigen Abgabeverpflichtung für Hochschullehrer, Klinikdirektoren und Chefärzte in Nordrhein-Westfalen und Niedersachsen, KHA 1949 (7), 13

PALANDT, OTTO:

Bürgerliches Gesetzbuch, 48. Auflage, München 1989

PETERS, H.:

Das Liquidationsrecht des beamteten Chefarztes, KHA 1960, 295

PUTZO, Hans:

Die Arzthaftung, Grundlagen und Folgen, Berlin 1979

RECHENSCHAFTSBERICHT

des Verbands der privaten Krankenversicherung e. V.: Die private Krankenversicherung im Jahre 1986, Köln

REICHSGERICHTSRÄTEKOMMENTAR (RGRK):

Das Bürgerliche Gesetzbuch, Kommentar, herausgegeben von Mitgliedern des Bundesgerichtshofs, 12. Aufl., Berlin - New York, ab 1976

RIEDMAIER, KARL:

Zum innerbetrieblichen Schadensausgleich bei gefahrgeneigter Arbeit, BB 1979, 1513

RIEGER, HANS-JÜRGEN:

Lexikon des Arztrechts, Berlin - New York 1984

ders.:

Verantwortlichkeit des Arztes und des Pflegepersonals bei der Dialysebehandlung, NJW 1979, 582

ROOS, GERHARD:

Aktuelle Rechtsfragen im Arzt/Patient/Krankenhaus-Verhältnis, in Kompendium des Krankenhauswesens, Beiträge zu ökonomischen, technischen und rechtlichen Problemen im Krankenhaus, Herausgeber Wilfried von Eiff

SCHEERBARTH, HANS WALTER/HÖFFKEN, HEINZ:

Beamtenrecht, Lehr- und Handbuch, Siegburg 1985

SCHLOSSHAUER-SELBACH, STEFAN:

Staatshaftung und Arzthaftung, NJW 1982, 1305

SCHMID, EVA-MARIA:

Die Passivlegitimation im Arzthaftpflichtprozeß, Berlin - Heidelberg - New-York - London - Paris - Tokyo 1988

SCHÜTZ, ERWIN:

Beamtenrecht des Bundes und der Länder, Kommentar, Loseblattausgabe, 5. Aufl., Heidelberg 1973

SCHULZ, GEORG:

Arztrecht für die Praxis, Hannover 1965

SELB, WALTER:

Die neuere zivilrechtliche Rechtsprechung zu Gläubiger- und Schuldnermehrheiten, JZ 1986, 483

SIMON-WEIDNER, R.:

Vorwort zur zweiten erweiterten Auflage des Mustervertrages für leitende Krankenhausärzte, Arztrecht 1980, 115

SOERGEL, HS. TH.:

Bürgerliches Gesetzbuch, 11. Auflage, Stuttgart - Berlin - Köln - Mainz, ab 1978

STEFFEN, ERICH:

Neue Entwicklungslinien der BGH-Rechtsprechung zum Arzthaftungsrecht, 2. Aufl., Köln 1986

STIEFEL, KARL HEINZ:

Der Krankenhausvertrag in der Rechtsordnung, Kulmbach 1960

UHLENBRUCK, WILHELM:
Die rechtlichen Auswirkungen der neuen Bundespflegesatzverordnung auf den Krankenhaus-
aufnahmevertrag, NJW 1973, 1399
ders.:
Typische Formen des Krankenhaus-Aufnahmevertrages, NJW 1964, 431
ders.:
Die vertragliche Haftung von Krankenhaus und Arzt für fremdes Verschulden, NJW 1964,
2187
ders.:
Die ärztliche Haftung für Narkoseschäden, NJW 1972, 2201
ders.:
Anmerkung zu BGH MedR 1986, 137 in MedR 1986, 141
ULMER, PETER/BRANDNER, HANS ERICH/HENSEN, HORST-DIETHER:
AGB-Gesetz, Kommentar zum Gesetz zur Regelung des Rechts der Allgemeinen Geschäfts-
bedingungen, 5. Aufl., Köln 1987
ULSAMER, BERTOLD:
Das Liquidationsrecht der leitenden Krankenhausärzte nach der Neuordnung durch das
Krankenhausfinanzierungsgesetz und die Bundespflegesatzverordnung, Diss. Würzburg 1975
WALDEYER, HANS-WOLFGANG:
Die Grenzen der Subsidiaritätsklausel im Amtshaftungsrecht, NJW 1972, 1249
WEIMAR, WILHELM:
Arzt (Krankenhaus) und Patient, München 1974
WEISSAUER, WALTHER/HIRSCH, GÜNTHER:
Nutzungsentgelt der Hochschulkliniker, dargestellt am Beispiel Nordrhein-Westfalens,
Stuttgart 1980
WEISSAUER, WALTHER:
Gesondert berechenbare ärztliche Leistungen und Pflegesatz, Bay. ÄBl. 1974, 363
ders.:
Liquidationsrecht des Krankenhauses für ärztliche Wahlleistungen? SÄBl. 1975, 168
ders.:
Automatisches Liquidationsrecht für Selbstzahler im Mehrbettzimmer, KHA 1975, 327
ders.:
Anmerkung zu BGH NJW 1978, 2342, daselbst
WESTERMANN, HARM PETER:
Zivilrechtliche Verantwortlichkeit bei ärztlicher Teamarbeit, NJW 1974, 577
WESTERMANN, HARRY:
Haftung für fremdes Handeln, JuS 1961, 333
WEYERS, HANS-LEO:
Empfiehlt es sich, im Interesse der Patienten und Ärzte ergänzende Regelungen für das
ärztliche Vertrags (Standes-) und Haftungsrecht einzuführen? Gutachten A für den 52.
Deutschen Juristentag, München 1978
WOHLHAGE, FRANZ:
Das Liquidationsrecht der leitenden Krankenhausärzte bei Selbstzahlern, Diss. Köln 1971